Roger Scruton Contra a Corrente

Título original:
Against the Tide, First Edition

© The Estate of Roger Scruton, 2022
Prefácio © Mark Dooley, 2022

Esta tradução de *Against the Tide, First Edition*
é publicada através de acordo celebrado com Bloomsbury Publishing Plc

Tradução: Marcelo Félix

Revisão: Ricardo Batalheiro

Capa: FBA

Imagem de capa: © Eamonn McCabe/Popperfoto / Getty Images

Depósito legal n.º 500119/22

Biblioteca Nacional de Portugal – Catalogação na Publicação

SCRUTON, Roger, 1944-2020

Contra a corrente: as melhores colunas, críticas e comentários de Roger Scruton. – (Extra coleção)
ISBN 978-972-44-2561-0

CDU 821.111-4"19/20"

Paginação:

Impressão e acabamento:
Forma Certa

para
EDIÇÕES 70, LDA.
Junho de 2022

Direitos reservados para todos os países de língua portuguesa por

EDIÇÕES 70, uma chancela de Edições Almedina, S.A.
Rua Fernandes Tomás, 76-80 – 3000-167 Coimbra – Portugal
e-mail: editoras@grupoalmedina.net

Esta obra está protegida pela lei. Não pode ser reproduzida,
no todo ou em parte, qualquer que seja o modo utilizado,
incluindo fotocópia e xerocópia, sem prévia autorização do Editor.
Qualquer transgressão à lei dos Direitos de Autor será passível
de procedimento judicial.

Roger Scruton Contra a Corrente
as melhores colunas, críticas e comentários

Tradução de Marcelo Felix

Índice

PREFÁCIO: O TRABALHO QUE *TEM DE* SER FEITO 11

PRIMEIRA PARTE: QUEM SOU EU? 15
A minha vida inaceitável 17
Fumo sem fogo 22
Roger Scruton diz «Ponha-lhe uma rolha» 26
A minha semana: julho de 2005 28
A minha semana: janeiro de 2006 31
A minha semana: abril de 2006 34
A chama que foi extinta pela liberdade 37
Encontrar a Scrutopia na República Checa 41
Diário — agosto de 2016 44

SEGUNDA PARTE: QUEM SOMOS NÓS? 47
A consciência conservadora 49
O legado de Blair 52
Uma questão de temperamento 55
O significado de Margaret Thatcher 59
Identidade, casamento, família: Os nossos valores
conservadores essenciais foram traídos 66
O que Trump não percebe do conservadorismo 70

TERCEIRA PARTE: PORQUE É QUE A ESQUERDA
NUNCA TEM RAZÃO 73
A ideologia dos direitos humanos 75

8 *Contra a corrente*

Em louvor do privilégio 81
Uma homilia hominista 84
In loco parentis 87
McCarthy tinha razão quanto à ameaça vermelha 90
Um foco de lealdade superior ao Estado. 93
A arte de se ofender 96

QUARTA PARTE: SUGESTÕES DE INFINITO 99
De Anima 101
Uma questão de vida e imortalidade. 104
Dawkins está errado quanto a Deus. 107
Altruísmo e egoísmo 111
Memorando para Hawking: Ainda há espaço para Deus 116
Os humanos têm fome de sagrado: Porque é que os novos
   ateus não o conseguem compreender?. 119

QUINTA PARTE: O FIM DA EDUCAÇÃO 123
A virtude da irrelevância 125
A Universidade Aberta e a mente fechada 128
O fim da educação 131
A praga da sociologia. 134
Conhece o teu lugar. 137
A guerra das universidades contra a verdade 142

SEXTA PARTE: FILOSOFIA FRAUDULENTA. 145
Um apontamento sobre Foucault. 147
O triunfo do nada 151
Freud e fraude 154
Se ao menos Chomsky se tivesse ficado pela sintaxe. 157

SÉTIMA PARTE: O OCIDENTE E O RESTO 161
Em memória do Irão 163
A lição do Líbano. 166
O debate decente não deve ser a vítima 169
A maneira errada de tratar o presidente Putin. 172
Porque é que o Iraque é uma causa perdida. 175

OITAVA PARTE: CORRUPÇÃO CULTURAL. 179
A arte da manutenção de motocicletas 181

Templos da ansiedade 184
O culto moderno da fealdade 187
A alta cultura está a ser corrompida por uma cultura
    de falsificações. 191

NONA PARTE: DIREITOS ANIMAIS, POLÍTICA
DE PÚLPITO E SEXO. 197
    Dominação masculina 199
    A pestilência da política do púlpito. 202
    Sobre o consumo de peixe. 205
    Obrigações da carne 208
    Comam animais! É para o bem deles 211
    Sextantes e *sexting.* 214
    Tally ho! Deixemos que a caça nos lembre de quem somos. . . . 217

DÉCIMA PARTE: *ANNUS HORRIBILIS* E ÚLTIMAS
PALAVRAS 221
    Diário 223
    Depois da minha própria noite escura 226
    O meu 2019. 229

Prefácio:
O trabalho que tem de ser feito

Durante a nossa última conversa na sua lendária Sunday Hill Farm em dezembro de 2019, Roger Scruton e eu discutimos bastantes possibilidades de iniciativas futuras: uma continuação do nosso livro *Conversations with Roger Scruton* [Conversas com Roger Scruton] (Bloomsbury, 2016), uma série de entrevistas online para o canal dele no YouTube, e várias conferências e seminários. Porém, a nossa discussão centrou-se sobretudo numa vertente importante do seu trabalho, que era o jornalismo. Ao fim de dez anos, eu tinha recentemente deixado de escrever a minha coluna no *Irish Daily Mail*. Quando comentei que era um alívio poder dedicar de novo toda a minha energia à escrita sobre assuntos filosóficos e do espírito, Roger replicou: «Sim, suponho que seja, mas escrever acerca dos problemas que confrontamos é o trabalho que tem de ser feito.»

Muito antes de escrever o seu primeiro livro, em 1974, Scruton havia despontado na revista *Spectator* como autor de recensões e crítico. Com efeito, um artigo crítico sobre o filósofo francês Michel Foucault surgira num número de 1971 daquela publicação, e encontra-se incluído neste livro. Mas foi quando Charles Douglas-Home, então editor do *Times*, o convidou a tornar-se colunista regular, em 1983, que o nome de Scruton passou a ser essencial no debate nacional. Essas colunas, escritas num período de quatro anos, impuseram Scruton como um dos maiores polemistas da época. Referindo-se a elas, ele próprio comentou que, embora «escandalizassem a elite intelectual», ainda assim «consolavam aqueles que tinham opiniões fora de moda». Eram «expressões sinceras de preconceito antiquado» que davam «que pensar, concordasse-se ou não com elas».

12 *Contra a corrente*

A época de Scruton como colunista do *Times* terminou em 1986. Por essa altura, ele era conhecido como um escritor talentoso que podia abordar qualquer tema com elegância, inteligência e espírito. Por conseguinte, desde então e até pouco antes da sua morte, ele raramente faltou à discussão pública. Este livro é um testemunho de quão amplamente respeitado ele era como jornalista, com artigos de opinião publicados na maioria dos principais jornais britânicos e norte-americanos. Isso deve-se, como escreveu ele, a que «o propósito de uma coluna de jornal não é discutir a partir de conceitos fundamentais nem de se lançar no debate, mas apresentar, tão brevemente quanto possível, um ponto de vista claro». O facto de ele o poder fazer sobre praticamente qualquer tema garantia que os conselheiros editoriais o procurassem sempre que fosse preciso exprimir uma «opinião antiquada». No entanto, era sua firme convicção que «as opiniões fora de moda podem, apesar disso, estar corretas».

Na nossa última reunião, dirigindo-se a mim como o seu testamenteiro literário, Scruton lamentava que as suas primeiras colunas já não estivessem em circulação. Este livro tenta compensá-lo, incluindo uma ampla seleção das suas colunas no *Times*, mas vai muito além disso, ao apresentar textos do princípio ao fim da sua carreira jornalística. Tendo ele escrito tanto sobre tantos assuntos, foi-me difícil selecionar o que incluir e o que omitir. No fim, porém, creio que este livro respeita o desejo que Roger tinha de ficar compilada para a posteridade a sua escrita jornalística. Ademais, estou certo de que ele dará aos leitores uma ideia clara do poder de Scruton como escritor e colunista, alguém cuja visão do mundo era tão controversa e, contudo, exposta com tanta inteligência, que não raro era elogiada até pelos seus adversários.

Aos 16 anos, Scruton afligia-se quanto ao rumo que daria à sua vida. Invariavelmente, a resposta era: «Tenho de ser escritor — é isso que *tenho* de ser.» Ele nunca pensou em ser académico, e muito menos filósofo. A sua vocação foi sempre escrever poemas, ensaios, romances, jornalismo e crítica. Que todos os dias ele escrevesse, no mínimo, 500 palavras, prova quão inexaurível era a sua ambição de não ser meramente um escritor, mas sim um *grande escritor*.

Scruton foi um escritor, compositor, crítico, filósofo e, como referi, um jornalista de primeira ordem. Porém, como tudo o mais que ele escreveu, o seu jornalismo era também uma *masterclass* de precisão literária. Leiam-se estas linhas iniciais de uma coluna que ele redigiu em 1984 para o *Times*:

Prefácio 13

Quem se lembra do Irão? Isto é, quem se lembra da vergonhosa debandada de jornalistas e intelectuais ocidentais para a causa da revolução iraniana? Quem se lembra da histérica campanha de propaganda contra o Xá, dos relatos sinistros da imprensa sobre a corrupção, a opressão policial, a decadência palaciana, a crise constitucional? Quem se lembra dos milhares de estudantes iranianos nas universidades ocidentais, a absorver com entusiasmo os disparates marxistas em voga que lhes eram fornecidos por radicais de sofá, para um dia liderarem a campanha de motins e mentiras que precedeu a queda do Xá?

Esta é uma linguagem usada não apenas para transmitir factos, mas para aumentar a tensão, perturbar e enfurecer. Cada palavra é cuidadosamente escolhida para tomar de assalto as defesas dos seus inimigos e atiçar a justa fúria daqueles que buscam a verdade e não a ficção ideológica. É atraente, provocador e cintilante. É a escrita no seu melhor.

«Tenho de ser escritor — é isso que *tenho* de ser.» E era isso que Roger Scruton era: um homem de letras que entendia, como Hegel, que a vida intelectual é, em última análise, um esforço espiritual para sintetizar arte, música, religião, política e filosofia. Que Scruton o conseguisse com aparente facilidade destoava do facto de que ele trabalhava incansavelmente para aperfeiçoar cada frase que escrevia. Como insistiu no nosso livro de conversas, «o ofício conta realmente». Essa, como todas as outras verdades que ele defendia, nunca traiu. Ao mostrar a sua envergadura como escritor, erudito e jornalista, a minha esperança é que este volume assegure o lugar de Roger Scruton como um pensador que, como Bertrand Russell ou George Orwell, nunca se conformou com a vida fácil quando se exigia coragem na defesa de causas impopulares.

Gostaria de concluir agradecendo à minha colega executora do espólio literário de Sir Roger Scruton, Lady Scruton, pelo seu apoio a este projeto e pela sua orientação, conselhos e amizade duradoura. Também devo profunda gratidão ao meu amigo e editor Robin Baird-Smith, cujo apoio e sabedoria nunca faltaram e garantiram um livro muito melhor do que originalmente concebido. Por fim, gostaria de agradecer ao meu filho mais velho, David, cuja assistência editorial foi inestimável.

MARK DOOLEY
Dublin, julho de 2021

Primeira parte:

Quem sou eu?

A minha vida inaceitável

(The Spectator, *2002*)

Passaram-se vinte anos desde que o Grupo de Salisbury (um pequeno grupo de membros antiquados do Partido Conservador, informalmente presidido pelo Marquês de Salisbury e dedicado à visão política do seu antepassado, o grande primeiro-ministro) me confiou a tarefa de fundar e editar uma revista, após angariar, para esse efeito, 5000 libras entre todos. Eu tinha acabado de publicar *The Meaning of Conservatism* [O Sentido do Conservadorismo], uma defesa um tanto hegeliana dos valores conservadores, apesar da sua traição pelos adeptos do mercado livre. As minhas credenciais de anacronismo eram, portanto, quase tão boas quanto as do terceiro marquês, e tranquilizou-me que ele, apesar de contrário ao espírito da sua época, tenha conseguido impor nela a sua marca, intermitentemente, durante 20 anos.

A primeira dificuldade foi encontrar pessoas para escrever num jornal explicitamente conservador. Eu tinha amigos no mundo académico que, em privado, estavam preparados para confessar simpatias conservadoras, mas tinham todos perfeita noção dos riscos associados a «assumi-lo». Haviam testemunhado a tareia que eu recebera por *O Sentido do Conservadorismo*, e poucos tinham chegado longe o suficiente nas suas carreiras académicas para arriscar um tratamento semelhante.

A segunda dificuldade era estabelecer um público leitor. O dinheiro que arrecadáramos cobriria os custos da impressão de três números: a partir daí, a *Review* teria de se pagar, o que exigiria 600 assinantes ou mais. Eu tinha confiança de que existiam pelo menos 600 conservadores

18 Contra a corrente

intelectuais na Grã-Bretanha, a maioria dos quais acolheria bem um jornal dedicado a exprimir, examinar e explorar a sua ameaçada visão do mundo. O problema era encontrá-los.

A terceira dificuldade era a do próprio conservadorismo. Muitas vezes, ouvi de Maurice Cowling (membro — embora num espírito de ironia — do Grupo de Salisbury) que eu andava a enganar-me se pensava que a política conservadora podia receber um apoio filosófico suficiente para a colocar ao mesmo nível do socialismo, liberalismo, nacionalismo e tudo o mais que o conservadorismo não é. O conservadorismo, disse-me Maurice, é uma prática política, o legado de uma longa tradição de decisões pragmáticas e orgulhoso desprezo pela tolice humana. Tentar condensá-lo numa filosofia era o género de projeto excêntrico que talvez os Norte-americanos empreendessem. E essa era uma das razões irrefutáveis para não ensinar, e muito menos viver, nos Estados Unidos.

Um dos nossos primeiros colaboradores foi Ray Honeyford, o diretor de Bradford que defendeu uma política de integração nas nossas escolas como a única forma de evitar conflitos étnicos. Ray Honeyford foi rotulado de racista, horrivelmente ridicularizado (por alguns dos meus colegas académicos na Universidade de Bradford, entre outros) e, por fim, despedido, por dizer o que toda a gente agora admite ser verdade. As minhas tentativas de o defender valeram amplas calúnias contra mim e contra a *Review*. Outros colaboradores foram perseguidos (e às vezes também demitidos) por acorrerem em defesa de Ray. Esse episódio foi o nosso primeiro grande triunfo e gerou as 600 assinaturas de que precisávamos.

O triunfo seguinte chegou em 1985, quando, no congresso anual da Associação Britânica para o Progresso da Ciência, a *Review* foi submetida pelos sociólogos a um julgamento de fachada, e considerada culpada da dupla acusação de «racismo científico» e incompetência intelectual. Depois disso, a *Review* e os seus redatores foram condenados ao ostracismo no mundo académico. As consequências para a minha carreira tornaram-se evidentes em pouco tempo. Convidado a apresentar um artigo na Sociedade de Filosofia da Universidade de Glasgow, descobri, ao chegar, que o departamento de filosofia estava a organizar um boicote oficial à minha conferência, facto que anunciara aos quatro ventos. Andei a vaguear pela universidade, assisti a uma procissão desconexa de *apparatchiks* que conferiam um título honorário a Robert Mugabe, e acabei por ser resgatado por um colega dissidente,

Primeira parte: Quem sou eu? 19

Flint Schier, que chegara a acordo para que a conferência se mantivesse como um «seminário não-oficial».

Eu estava habituado a coisas dessas na Checoslováquia e, com o tempo, também me habituei a elas na Inglaterra. Porém, de uma maneira geral, a polícia secreta comunista tratava bastante melhor as pessoas do que as comitivas de acolhimento organizadas pelo Partido Socialista dos Trabalhadores([1]): uns safanões sem importância e talvez uma noite na prisão, mas mitigada pela discussão intelectual de um nível muito mais elevado do que se poderia conseguir nas nossas universidades provincianas. Após uma experiência particularmente assustadora a dar uma conferência sobre «tolerância» na Universidade de York, e na sequência de uma calúnia no *Observer* que tornou insustentável a minha posição como professor universitário, decidi abandonar a carreira académica na Grã-Bretanha. O *Observer*, na sua amabilidade, embora cumprindo as ordens de um tribunal, pagou a minha reforma antecipada.

A Checoslováquia foi a ocasião de outro triunfo. Para meu espanto, uma edição *samizdat*([2]) da *Salisbury Review* começou a ser publicada em Praga em 1986. Por essa altura, eu já tinha sido expulso da Checoslováquia e era regularmente seguido na Polónia. As coisas não estavam muito melhores na Grã-Bretanha, onde a *Review* bem podia ser uma publicação *samizdat*, tão grande era o veneno dirigido aos que nela escreviam. Portanto, a notícia de que a *Review* havia alcançado, sob o «socialismo real», uma honra concedida, que eu saiba, a mais nenhuma publicação ocidental foi especialmente gratificante. Chegaram-nos exemplares de contrabando, e as suas páginas finíssimas — as cópias finais a papel químico tiradas de maços de dez — possuíam a qualidade espiritual de manuscritos com iluminura. Eles eram o testemunho de uma crença na palavra escrita que fora experimentada e comprovada por meio de trabalho altruísta.

Em 1987, o Museu da Polícia de Praga — um instituto de propaganda para o qual os professores levavam as suas filas silenciosas de «jovens pioneiros» — inaugurou uma exposição consagrada ao «agente secreto não-oficial». A peça central era a maqueta de um homem vestido à ocidental, jovem, com uma máquina fotográfica de espionagem

---

([1]) Socialist Workers Party, partido trotskista britânico. [N. do T.]

([2]) Edições literárias clandestinas, originalmente datilografadas ou manuscritas, com circulação na União Soviética e Europa de Leste durante a Guerra Fria. [N. do T.]

20   Contra a corrente

e binóculos. Da sua pasta aberta transbordavam — juntamente com Platão e Aristóteles — cópias da *Salisbury Review*. Algum tempo depois, um dos nossos colaboradores regulares, Ján Čarnogurský, foi preso na Eslováquia e acusado de subversão do Estado em conluio com potências estrangeiras. A acusação mencionou a *Salisbury Review* como prova decisiva. Tal foi, suponho, o nosso maior triunfo: a primeira vez que alguém com influência nos conferia o estatuto de iguais. Infelizmente, porém, o julgamento nunca aconteceu, com os comunistas fora do poder e Ján a caminho de se tornar primeiro-ministro da Eslováquia.

Não eram apenas as matérias da raça e da identidade nacional que haviam irritado a elite intelectual britânica. A *Salisbury Review* era aguerridamente — e, a meu ver, inteligentemente — anticomunista; tomou posição contra a Campanha para o Desarmamento Nuclear e o Movimento pela Paz; chamou a atenção para a situação dos cristãos no Norte de África e no Médio Oriente; trazia artigos denunciando a ajuda externa; era explicitamente crítica do feminismo, modernismo, pós-modernismo e desconstrução. Acima de tudo, era anti-igualitária, defendendo a realização contra a mediocridade e a virtude contra o vício. Embora todas essas posições sejam agora amplamente aceites, tivemos a sorte de as exprimir numa altura em que cada uma delas era ativamente censurada por algum grupo de hipócritas anti qualquer coisa. Por isso, sobrevivemos. Um a um, os conservadores foram-se revelando e juntando a nós, reconhecendo que valia a pena sacrificar as possibilidades de chegar a membro da Academia Britânica, vice-reitor ou professor emérito, pelo puro alívio de dizer a verdade. E embora os esforços para obter financiamento tenham sido quase inteiramente vãos, o trabalho dedicado do nosso editor-chefe, Merrie Cave, cuja casa se tornou uma editora de *samizdat*, garantiu que nunca contraíssemos dívidas.

Com colaboradores que iam de Peter Bauer e A. L. Rowse a Václav Havel e P. D. James, podíamos rebater a acusação de incompetência intelectual. Sem reclamar muito crédito por isso, continuo convencido de que a *Salisbury Review* ajudou a que emergisse uma nova geração de intelectuais conservadores. Finalmente era possível ser-se um conservador e também *à esquerda* de algo, dizer: «É claro que a *Salisbury Review* é inaceitável; mas...» E, para minha surpresa e alívio, um desses intelectuais conservadores, o historiador A. D. Harvey, mostrou-se capaz e disposto a assumir o cargo de editor. Há dois anos, consegui por fim reformar-me de uma posição que me custou muitos milhares de horas de trabalho não-remunerado, um hediondo assassínio de carácter na revista *Private Eye*, três processos, dois interrogatórios, uma expulsão, a perda de uma carreira universitária na Grã-Bretanha, infindáveis críticas desdenhosas, a suspeita do Partido Conservador e, por todo o lado, o ódio de respeitáveis liberais. E valeu a pena.

Fumo sem fogo

(The Spectator, *2002)*

Vivemos numa região tradicional de lacticínios nas terras argilosas de Wiltshire, e assistimos impotentes à ruína, uma por uma, das quintas em nosso redor, ou à sua redução a uma economia de subsistência. A mensagem do governo é diversificar, mas com que recursos e em que ramo de negócios? Quando, há três anos, o nosso vizinho mais próximo desistiu, decidimos fazer o que pudéssemos para subsidiar o nosso modo de vida local. A compra da quinta deu-nos a oportunidade de unir os campos em redor da nossa casa e retomar a sua produção. Arrendámos os celeiros por uma renda nominal e começámos a restaurar os campos com os nossos próprios meios.

Ao adquirir a terra, também adquirimos uma hipoteca, o que significou que não poderíamos mais viver de direitos de autor e jornalismo esporádico. A nossa solução foi abrir um negócio — utilizando o meu conhecimento da vida intelectual e os dotes sociais da minha mulher Sophie — que oferecia um novo tipo de consultoria em assuntos públicos. Assim foi fundada a Horsell's Farm Enterprises, caracterizada pelo seu cartão de visita do seguinte modo:

> A principal consultoria rural pós-moderna da Grã-Bretanha, especialistas em manutenção paisagística, crítica literária, equitação, colocação de sebes, musicologia, composição tipográfica, publicação, muros de pedra solta, escrita, jornalismo, restauração dos campos, museus, composição, gestão de lagos, assuntos públicos, abate de árvores, debates pedantes, variedades raras de galinhas, ovelhas, sonhos; também tratamos de feno e palha.

Primeira parte: Quem sou eu?   23

Se pudéssemos oferecer conselhos ou trabalhar em pelo menos algumas dessas áreas, raciocinámos, a Horsell's Farm tornaria a ser produtiva e o seu capital rural receberia um lucro urbano.

Mas quem quer o conselho de um conhecido bode expiatório conservador, quando os profissionais podem levar-nos, por um honorário, diretamente até Downing Street? Só dois tipos de clientes precisariam de nós: aqueles cujos negócios fossem considerados politicamente incorretos e aqueles que não tivessem explicado bem os seus argumentos. Há uma indústria que combina essas duas características, e a Horsell's Farm Enterprises começou a parecer viável quando um amigo que trabalhava para a Japan Tobacco International (JTI) nos pediu que ajudássemos com a imagem pública da sua empresa.

Não é possível imaginar melhor sorte, na vida de um pária pobre, do que um pária rico que precisa da sua ajuda. Não que eu partilhasse da visão politicamente correta da indústria do tabaco. Embora apoie sem reservas a ideia de que o tabaco deve ser regulamentado, nunca concordei com aqueles que querem que a indústria seja criminalizada ou silenciada. A perseguição ao tabaco, parece-me, tem sido usada para evitar os problemas realmente difíceis postos pela indústria moderna — sobretudo, as relacionadas com produtos igualmente perigosíssimos (carros, pesticidas, *fast food*, álcool e muitos outros) que também ameaçam o planeta.

O nosso objetivo não era defender os produtos do nosso cliente nem negar os seus defeitos evidentes, mas organizar conferências, seminários e almoços, nas quais problemas relevantes para o seu estatuto social e político pudessem ser discutidos de uma forma aberta: especificamente, problemas relacionados com o risco, regulação e liberdade. Convidámos jornalistas, académicos e formadores de opinião para os nossos encontros, incluindo amigos e inimigos do tabaco. Também nos encarregámos de editar, publicar e distribuir um «Resumo», reunindo informações e argumentos relevantes quanto a risco, responsabilidade e liberdade económica. O Resumo foi uma oportunidade bem-vinda para desenvolver a minha moderada abordagem hayekiana à economia de mercado, no contexto de questões contemporâneas reais. Foi acordado que o Resumo levaria o meu nome como editor e o nome da JTI como patrocinador, e o patrocínio seria declarado abertamente em todas as nossas iniciativas.

O contrato da JTI envolveu-nos num trabalho moroso e — é preciso dizê-lo — embaraçoso. O tabaco foi demonizado pelos meios de

24 Contra a corrente

comunicação, ostracizado pelos governos (que, no entanto, dependem dele para uma parte significativa das suas receitas) e eleito como alvo pela indústria do ódio. Nessas circunstâncias, é tão estranho confessar a um jornalista que o estamos a convidar para um almoço patrocinado por uma empresa de tabaco como revelar que se é amigo de Roger Scruton. Na verdade, só alguém como Roger Scruton poderia colocar--se nessa posição e pensar que nada tinha a perder.

Olhando para trás, percebemos que devíamos ter feito referência ao nosso acordo de consultoria onde e quando pudéssemos, mesmo sob o risco de perder o contrato. Porém, passado mais ou menos um ano, quando o Resumo e as reuniões se haviam consolidado como instituições de espírito aberto, cujo propósito não era advogar, mas esclarecer, sentimos que tínhamos estabelecido suficientemente a legitimidade do nosso negócio. Também, pela primeira vez numa década, criáramos novos empregos para a nossa vizinhança.

Quando a máquina do ódio nos alcançou, foi com um cabeçalho no *Guardian* a anunciar, «Scruton em trama mediática para vender cigarros». O artigo citava correspondência roubada, na qual fazíamos uma proposta à JTI para renovar o nosso contrato, oferecendo-nos para incentivar os jornalistas a escreverem sobre as questões do nosso Resumo. Nos nossos dois anos de funcionamento, tínhamos, com naturalidade, enviado o Resumo a jornalistas no *Guardian*. No entanto, o *Guardian* alegou estar a revelar a ligação entre Scruton e a JTI pela primeira vez, acusando-me de abusar da minha posição como jornalista e dando grande importância ao facto de termos recebido 4500 libras por mês, uma quantia que tem de cobrir um assistente em tempo integral, despesas gerais de escritório e os custos de produção de nossa publicação. A diatribe era concluída com a afirmação de que Scruton «ataca homossexuais e mães solteiras, defende a caça à raposa e Enoch Powell[1]». *Quod erat demonstrandum.*

Quando os jornais nos denunciam como um «bolchevique plutocrata judeu», respondemos: «Não. Não sou judeu, na verdade sou muito pobre e não tenho simpatias comunistas»? Ou dizemos: «Com certeza, que tem isso de errado?» Em vez de tentares justificar-te, explicam os meus amigos, deves perceber que a imprensa de esquerda se nomeou

---

[1] John Enoch Powell (1912–1998). Classicista, linguista, militar, foi no parlamento britânico o rosto de um conservadorismo combativo, que chocou com as rápidas mudanças da sua sociedade, tornando-o um elemento destacado na oposição ao fluxo imigrante e à adesão à Comunidade Económica Europeia. [N. do T.]

Primeira parte: Quem sou eu? 25

juíza, jurada e procuradora deste caso, como de todos os casos anteriores que te envolveram, e que o seu objetivo não é a verdade, mas o assassínio.

No entanto, tirando o discurso de ódio e as insinuações, o artigo do *Guardian* levanta uma questão de princípio séria que afeta outros casos além do meu. Entre os cerca de 150 artigos que publiquei desde o início do nosso contrato com a JTI, há um no *Wall Street Journal Europe*, a relatar uma conferência sobre o risco, que discute o caso do tabaco.

Deveria ter feito «uma declaração de interesse»? A resposta é que não sei. Escrevo nos jornais para chamar a atenção para as minhas próprias preocupações filosóficas e intelectuais, e este artigo não foi exceção. Só lamento que o ataque do *Guardian*, por estranho que possa parecer a alguém de fora, tenha causado constrangimento ao *Wall Street Journal*.

Parece-me que existe uma grande diferença entre a defesa de um produto — e, particularmente, de uma marca — e a discussão das matérias jurídicas, políticas e sociais que envolvem a sua utilização. Pode dizer-se com justiça que uma cronista de alimentação contratada por um supermercado, que encaminhe sempre os leitores às lojas do seu cliente, está a abusar do seu papel. Mas uma cronista de alimentação empenhada na produção local de alimentos que aconselhe uma associação de pequenos produtores sobre como apresentar o seu caso, o qual ela mesma apresenta de vez em quando, por convicção, seria certamente considerada inocente de qualquer delito. Só quando uma indústria foi demonizada é que surgem os apelos a uma «declaração de interesse», e isto apenas porque a declaração de interesse, quando chegar, cancelará totalmente o efeito de seja o que for que digamos.

A insinuação por trás do artigo no *Guardian* parece ser que não se pode escrever em jornais e também atuar como consultor (uma posição sustentável, embora não seja a minha), ou que não se pode trabalhar para uma empresa de tabaco *tout court*. Toda a natureza da nossa consultoria é que promovemos a discussão de matérias que outros desejavam votar ao silêncio. Na atmosfera dominante do politicamente correto, tal significa não somente encorajar o debate, mas também envolver-se nele de vez em quando.

Roger Scruton diz
«Ponha-lhe uma rolha»

(The New Statesman, 2005)

Ao longo da vida sofri com o meu apelido cacofónico, agora sussurrado junto às almofadas das crianças de Islington para que estas assumam, assustadas, os seus papéis pós-modernos de género: «Brinca com bonecas, miúdo malvado, ou o Scrute Mau apanha-te.» Isto começou na escola, onde eu era «Screwy»[1] para as massas, «Screwtape»[2] para os letrados e «Screwtop»[3] para os que queriam chamar a atenção para o monte de cabelo ruivo, o defeito supremo de uma criatura cuja inaptidão para a sociedade humana era visível em cada gesto atormentado. Isso não me leva a ver com bons olhos a garrafa com tampa roscada. Mas suscita uma reflexão sobre o uso e a beleza das rolhas.

Para o observador ingénuo, a rolha existe para manter o vinho na garrafa e o ar fora dela, o que resulta em cinco por cento dos vinhos *vintage* ficarem «rolhados» — ou seja, estragados por uma rolha defeituosa. Para tal observador, a tampa roscada é a solução. Eu replicaria respeitosamente que o risco do sabor a rolha é essencial para o ritual. Beber vinho precioso é precedido de um elaborado processo de preparação, que em muito se assemelha às abluções que precediam os antigos sacrifícios religiosos. A garrafa é recuperada de algum lugar secreto onde os deuses a mantiveram protegida; é trazida com reverência para a mesa, espanada e desarrolhada com um movimento lento e gracioso, enquanto os convidados assistem em silêncio temeroso. O súbito

---

[1] Maluquinho. [N. do T.]

[2] É um demónio em duas histórias (*The Screwtape Letters* e *Screwtape Proposes a Toast*) de C. S. Lewis. [N. do T.]

[3] Tampa roscada. [N. do T.]

«estalo» que então ocorre é como um sino sacramental, marcando uma grande divisão no esquema das coisas, entre uma natureza-morta com garrafa e a mesma natureza-morta com vinho. O vinho deve então ser agitado, cheirado e comentado, e só quando tudo isto tiver sido devidamente realizado, ele pode ser vertido cerimoniosamente, com artes sacerdotais, nos copos.

O vinho bem servido tudo abranda, estabelecendo um ritmo de goles suaves, em lugar de tragos glutões. A cerimónia da rolha lembra-nos de que o bom vinho não é uma coisa vulgar, por mais frequentemente que o bebamos, mas sim um visitante de uma região mais nobre e um catalisador de laços de amizade. Em suma, graças à rolha, o vinho fica alheio ao mundo onde se ganha e se gasta, um recurso moral que invocamos com um estalido.

A tampa roscada tem um significado muito diferente. Ela cede imediatamente, não permitindo nenhum ritual de apresentação nem efeito sonoro sacramental. Desfigura a garrafa com fragmentos metálicos: imagine-se uma natureza morta com a tampa roscada aberta — impossível. Encoraja a solução rápida, o gluglu apressado, a busca puramente egocêntrica de um gole de álcool. Reduz o vinho a um refrigerante alcoólico e molda-o de acordo com as necessidades do bêbado. Lembra-nos do que perderíamos se os rituais da bebida social fossem substituídos pela solidão geral da cultura da bebedeira voraz. Resumindo, não há tampas roscadas na Scrutopia.

A minha semana: julho de 2005

(inédito)

Quatro apresentações musicais em 48 horas combinam-se para corporizar a vida na nossa parte privilegiada da Inglaterra rural. Primeiramente, o *Pepys Show*, apresentado pela escola dos nossos filhos (Querns Westonbirt), de alunos dos quatro aos onze anos, sob a direção de uma senhora chamada, apropriadamente, Gee — professora cuja musicalidade instintiva é capaz de arrancar canções, danças e gestos de todas as crianças, e que introduz o recital com a *Ária na Corda Sol*, de Bach. Os pais olham boquiabertos para o espetáculo, incapazes de acreditar que os seus rebentos, que eles despacham todas as manhãs na esperança de não ouvir falar mais deles até às quatro da tarde, passam os seus dias num mundo de imaginação histórica, revivendo a Grande Peste e o Incêndio de Londres, aprendendo sobre a Coroa da Inglaterra, sobre a Restauração, a Corte, os Puritanos e outras disciplinas banidas do currículo do Estado e, além disso, são incentivados a cantar melodias genuínas, harmonizadas em duas partes ou cantadas por toda a escola num cânone de três partes. Saímos num júbilo atordoado, rezando para que nenhum espião estivesse presente da Ofsted, Ofcom, Ofthewall ou lá como a polícia do pensamento agora se chama([1]).

A Ofcoisa também não teria ficado satisfeita com o nosso compromisso seguinte. Deixando os nossos filhos com a avó, vamos ao Beaufort Polo Club, onde a Sra. Georgie Fanshawe organizou uma festa para

---

([1]) Ofsted é o *Office for Standards in Education, Children's Services and Skills*, o departamento governamental responsável pela inspeção de escolas estatais e outros estabelecimentos de ensino, e serviços de apoio social à infância. [N. do T.]

Combater a Proibição([1]). Os caçadores parecem tão esquisitos e carnavalescos sem os seus uniformes como os nossos filhos pareciam sem os deles, embora não tenham a desculpa de estarem a tentar assemelhar-se a ratos da peste (um efeito que os caçadores parecem conseguir sem o uso de fatos). A tenda alberga uns 500 agricultores, empresários, proprietários de terras e jovens turbulentos, e todos transpiram um espírito de desafio coletivo, tal qual o de Londres na Segunda Guerra Mundial, como o deram a ver os estúdios de cinema Ealing.

De súbito, um cantor corpulento chamado Riccardo (*sic*) salta para o palco. Se não lhe tivessem amplificado a voz até um volume intolerável, a sua interpretação de *Mack the Knife*, de Kurt Weill, teria captado o ambiente. Mas ele revela-se de imediato como o mais piroso dos cançonetistas da Costa Brava, interrompendo-se para exigir gritos da multidão e continuando as suas ensurdecedoras declarações de amor e desejo, até que um bando de adolescentes o expulsa piedosamente do palco. Como eu desejava, aos catorze anos, ter um baixo elétrico, e como é interessante ver esses jovens talentosos, cujos rostos eu recordo vagamente do terreno de caça, a dar o seu primeiro concerto, ainda que o repertório tenha degenerado, com a ascensão dos Oasis, da *Blairite* e dos U2. Ocorre-me que a Ofcoisa deveria, afinal, ter sido convidada. A polícia de pensamento poderia ser mais indulgente com a nossa comunidade, ao descobrir que não somos janotas, mas proletas.

Na noite seguinte, dirigimo-nos à quinta de Antonia Filmer para os nossos piqueniques estoicos sob um céu ameaçador de nuvens carregadas. Também aqui há uma tenda, montada para a apresentação do *Don Giovanni*, numa versão habilmente condensada pela portátil Ópera A La Carte, de Nicholas Heath. Com o acompanhamento de piano e quarteto de sopros, os cantores movem-se no meio do público, transformando uma simples mesa, uns quantos adereços e o próprio ar numa arena mágica, onde o fidalgo totalmente credível de Colin Campbell avança orgulhosa e inexoravelmente para a sua desgraça. A combinação de humor, gravidade moral e imediatismo erótico de Mozart — para não falar do génio melódico, harmónico e contrapontístico — torna esta ópera a mais sublime das suas obras-primas, e a convicção com que Rosalind Jones a dirige a partir do piano comunica-se a todo o público, até mesmo aos caçadores acompanhantes. A participação reduzida

---

([1]) A proibição da caça à raposa com cães havia entrado em vigor na Inglaterra e no País de Gales em fevereiro desse ano. [N. do T.]

adapta-se perfeitamente ao local e o resultado é uma maravilhosa lufada de ar fresco.

A vida no campo ensina que a recreação genuína está dependente das mulheres. Isso foi verdade com o *Pepys Show* da escola, verdade com o *Don Giovanni* e verdade com a festa no clube de polo, que assentava naquela imensa reserva de energia para angariar fundos, cuidar das crianças, dar festas e organizar atividades, pela qual as mulheres transformam a gestão eficiente numa sensação de pertença. Nesse capítulo, na nossa comunidade, ninguém fez mais do que Elise Smith, fundadora do festival Tetbury, que preencheu as nossas casas, igrejas e salões de aldeia com música a sério. No dia seguinte, no seu relvado, aguardando convictamente um concerto de Corelli, fico espantado ao descobrir The Cosmic Sausages, vestidos com roupas casuais de praia, balouçando com o seu acompanhamento napolitano de baixo, bandolim, viola e acordeão. No meio da fidalguia ali reunida, eles parecem palhaços desempregados num filme de Fellini, e eu lanço-lhes um sorriso benévolo e compadecido. De imediato avançam, caem-me à frente de joelhos e desatam numa serenata de grotesca parolice com as palavras «Lá, Lá!». Uma coisa sobre a Elise é que nunca sabemos o que ela irá fazer a seguir.

A minha semana: janeiro de 2006

(inédito)

O tempo desde o Natal tem sido passado na reapropriação da quinta — a dispor mesas e cadeiras na cozinha semiacabada, a improvisar decorações de Natal, a arrancar ervas daninhas, a visitar vizinhos, a arranjar galinhas para substituir as que a raposa levou e, de uma maneira geral, a recuperar a intimidade com a lama, a humidade e a melancolia benigna e imperturbável da Inglaterra. A Inglaterra rural é mais populosa e menos esplêndida nas suas belezas do que a Virgínia rural, onde passámos o outono; mas tem uma intimidade e brandura próprias, e os céus cinzentos, campos deslavados e sebes sombrias mantêm uma aparência espiritual que compensa, em certa medida, a quase total ausência de verdadeira religião nestas paragens. É claro que cantamos canções natalícias na época do Natal e, no próprio dia, a nossa igreja fica repleta. Mas logo tudo é esquecido, as crianças ficam escondidas por trás das suas pilhas de brinquedos, como Freia atrás da horda de Alberico, e nós retiramo-nos entorpecidos para a cama.

A vida desde o Natal tem sido uma longa batalha com o plástico. Por um golpe de sorte, todos os brinquedos oferecidos no Natal partiram-se no Ano Novo: explico ao Sam e à Lucy que é isso o que «feito na China» significa, como «feito de porcelana da China» quando eu era jovem. Empilhamo-los na fogueira com a árvore de Natal por cima — o único ritual de Natal que me enche de alegria. Depois o Sam e eu dirigimo-nos à estrada e passamos o feriado de Ano Novo com as nossas pinças compridas, a limpar as beiras daqui até ao topo da nossa colina. Esta é uma tarefa que a câmara municipal — sobrecarregada como está com planos para introduzir diversidade no corpo de bombeiros e

32 *Contra a corrente*

multiculturalismo na piscina municipal — já não se pode dar ao luxo de realizar.

Durante os três meses da nossa ausência, as valas encheram-se de plástico até à borda. É seguramente uma prova nítida do facto de já não sermos devidamente governados que o único remédio simples para a destruição ambiental — a saber, a proibição de embalagens não-degradáveis — não seja debatido no Parlamento nem discutido por nenhuma das comissões intrometidas fundadas pelos eurocratas. A Sra. Blair aludiu uma ou duas vezes ao problema, mas, ao que sei, ela não está ligada ao Governo. Quanto às almas caridosas e aos ativistas, andam tão ocupados a tentar garantir que as raposas não são caçadas, mas abatidas a tiro, que descuraram o problema mais óbvio, que é o de que numa paisagem tão embrulhada em plástico como uma instalação de Christos, não haverá raposas para abater.

Acabaram-se finalmente os feriados. Vou para Londres dar uma entrevista à BBC sobre filosofia islâmica, entrevista que decorre na maravilhosa exposição no Museu Britânico dedicada à arte da antiga Pérsia. Ficamos por ali a dizer coisas inadequadas enquanto os nossos olhos vagueiam espantados pelas peças: frisos assustadores com escravos idênticos que se prostram diante de um monarca invisível; leões a comer cavalos, taças com asas retorcidas em gazelas, incontáveis tabuinhas e selos cuneiformes, um carimbo de autoridade anónima imposto em cada jarro ou tigela e nenhuma emoção humana que se sinta, nem mesmo na presença da mulher no seu túmulo semelhante a uma banheira, os ossos aprisionados em joias absurdas, que deveriam granjear-lhe respeito na vida após a morte. Tudo parece um ensaio para a União Europeia. Repare-se que, quando desenterrarem os restos do império de Bruxelas, nada encontrarão além de garrafas de plástico, embalagens de sandes e uma ou outra forma humana congelada em plástico. E, sejamos sinceros, o Médio Oriente era mais bem governado então do que agora.

Também não era muito bem governado nos dias de Avicena, o filósofo do século XI que é o tema da nossa conversa. Vizir de sultões de pacotilha, teve muitas vezes de fugir para salvar a vida, deixando para trás os seus manuscritos. No entanto, ele plantou as sementes do novo aristotelismo, pôs a medicina no seu caminho moderno e moldou a teoria platónica de *eros* para a sua posterior adoção pelos poetas do amor cortês. Poderia ter vivido um pouco mais se tivesse seguido o exemplo casto de Platão; em vez disso, morreu de exaustão sexual aos 57 anos. Porém, mesmo no seu estado debilitado, empenhava-se à época no cerco de uma cidade, parando apenas para se fortalecer com a sua costumeira taça de vinho. Ao ler a sua prosa árida, mas ordenada, em que todo o conhecimento da época desfila à distância como uma projeção de fundo no palco, é inevitável sentir a dimensão imensa do declínio subsequente do Islão. Se ao menos a ambição dos novos sátrapas do Médio Oriente fosse ligarem-se ao seu património intelectual, e não à tecnologia de destruição em massa. No entanto, olhando em redor para os destroços de Ozymandias[1], vejo como tudo está programado para a destruição, e só os pensamentos perduram. É por isso que nos lembramos de Avicena, mas não dos seus sultões de pacotilha.

---

[1] Ozymandias é outro nome por que veio a ser conhecido o faraó Ramsés II, reduzido aos fragmentos espalhados da sua estátua no soneto homónimo de Shelley, publicado em 1818. [N. do T.]

A minha semana: abril de 2006

(inédito)

Este ano o mês de março foi tão pouco chuvoso na Virgínia como na Inglaterra. Regressámos aos prados ressequidos de esparsa erva amarela, através da qual o rio corre fracamente numa faixa de lodo verde. As tempestades de inverno arrancaram as coberturas das chaminés e as calhas dos beirais; árvores velhas caíram em montes de ramos lascados, e a planície aluvial está juncada dos restos espalhados da barragem dos nossos castores. A doninha fedorenta, as corujas, o lince-
-pardo e a marmota desapareceram, e, nos seus lugares, encontra-se uma equipa atarefada de ratos, que descobriram maneira de entrar em casa e pontuaram a cozinha com virgulazinhas pretas de excremento.

As vacas estão famintas da erva da primavera que não veio, e rodeiam-nos expectantes quando atravessamos o seu campo. Soltas, elas perdem toda a iniciativa, são incapazes de se afastar da manada e, embora anseiem por nos cheirar e conhecer, nunca se arriscarão a um encontro a sós com uma coisa sobre duas pernas. Os cavalos, pelo contrário, virão farejar-nos, processando o odor no seu banco de dados antes de retomarem a erva sob os seus narizes. Os três cães de caça do nosso vizinho formam um grupo no centro do campo. Passam por nós numa fila suave e oscilante, de caudas agitadas à luz do Sol, as cabeças meio erguidas a examinar-nos.

Alguns ribeiros ainda fluem túrgidos. Os pântanos continuam húmidos e cheios de codornizes, que assobiam quando nos aproximamos e caem em cavidades invisíveis. Bolsas turvas de ovas flutuam na água salobra; já eclodem as salamandras, e os lagostins abrigados ocultam-se nas suas margens. Os habitantes locais tomam tudo aquilo

Primeira parte: Quem sou eu? 35

por certo e eu reflito tristemente sobre a nossa experiência inglesa, a qual me diz que as pessoas só valorizam a vida selvagem quando esta foi espezinhada, envenenada e perseguida até a encerrarem por fim no conto de fadas, para nunca mais ver a luz do dia.

A chuva chega finalmente numa série de tempestades, relâmpagos difusos rasgando a escuridão, gotas enormes a bater no telhado de metal, trovões a sacudir as paredes e as crianças a gritar de terror na escada assombrada pelo vento. No dia seguinte, a chuva continua, impulsionada por um vento frio de leste, e o inverno regressa. Este é o dia da *point-to-point*([1]) de Old Dominion, que acontece todos os anos em Ben Venue, numa grande arena relvada visível dos outeiros por trás de uma mansão colonial. Todo o condado de Rappahannock se reúne aqui, não tanto para assistir às corridas, que decorrem em fundo como música a percutir suavemente numa festa, mas para, das portas traseiras dos seus enormes veículos reluzentes, empoleirados nas encostas como quadrigas que os deuses tivessem feito descer, convidarem-se uns aos outros para banquetes generosos. As pessoas juntam-se por baixo de toldos fustigados por rajadas de vento frio. Porco e vitela assados, frango frito, espargos, camarões, salmão e quiche — todo o leite e mel da abundância americana está à disposição, oferecido pela alegria de oferecer. O pretexto equestre é ocasionalmente transmitido pelo altifalante, e a multidão reunida fica contente com a lembrança, pois os cavalos significam perigo, o perigo significa nervos, e os nervos significam uísque. Em breve já terão subido, embriagados, mais um degrau na escada da exultação.

Na pura alegria de se estar vivo, nenhum lugar se compara à América rural: nem uma festa italiana, nem um mercado africano, nem uma dança de roda húngara ou um *ceilidh* escocês, nem mesmo uma caça à raposa inglesa irradiam tanto amor pela terra e os seus frutos como um *rodeo* americano ou uma *point-to-point*. Todas as inimizades e rivalidades são postas de lado por este dia; todas as distinções de classe, saber, vocação e política são esquecidas, e só uma coisa é importante, o estarmos agora aqui juntos. Pessoas que se conhecem superficialmente correm umas para as outras com exclamações de genuíno agrado, enquanto as famílias desembocam noutras famílias, compartilhando repentinamente os filhos.

([1]) Corrida de obstáculos para cavalos de caça. [N. do T.]

36   Contra a corrente

Em Inglaterra, um acontecimento semelhante seria dominado pela caça, e imbuído de uma espécie de melancolia retrospetiva, à medida que a temporada se vai tornando uma memória. Na Virgínia, a caça também está lá, anunciando em voz alta o seu direito de existir com placas de matrícula com os dizeres «*tally-ho*», «*gone away*» ou «*fox off*» ([1]). Mas ela proporciona apenas o esqueleto para uma iniciativa cuja abundante carne é feita de agricultores, advogados, agentes imobiliários, cineastas, professores, escritores, mecânicos, pregadores, comerciantes e polícias. Todos se misturam e se cumprimentam, enquanto acima deles ondula a bandeira daquela instituição americana por excelência, os voluntários da brigada de socorro local, o pequeno pelotão que desfila nos dias festivos, do qual todos somos convidados e do qual todos dependemos. E a bandeira recorda-nos de que a riqueza e a segurança dos Estados Unidos não são mais duradouras do que o espírito público do seu povo, e que se um dia os Americanos deixassem de se voluntariar para fazer coisas, o espetáculo acabaria bruscamente.

([1]) *Tally-ho*, grito de incentivo dos caçadores aos cães, na caça à raposa; *gone away*, aviso gritado pelo caçador de que a caça está a decorrer; *fox off*, imprecação dirigida aos opositores da caça à raposa. [N. do T.]

A chama que foi extinta pela liberdade

(The Times, 2009)

Durante dez anos, antes de 1989, eu costumava visitar a Europa de Leste para apoiar as suas frágeis redes educacionais clandestinas. Encontrava-me nas esquinas com os meus contactos em horários combinados, para ser levado de elétrico a alguma sala cheia de fumo de um apartamento próximo, onde um grupo de «estudantes» aos sussurros se juntava para se encontrar comigo.

A cada batida na porta seguia-se um silêncio gélido e, de vez em quando, alguém levantava uma ponta da cortina e espiava ansiosamente a rua. As paredes estavam cobertas de livros em muitos idiomas e, frequentemente, havia um crucifixo preso no espaço por cima das prateleiras.

As pessoas que conheci tinham opiniões muito diferentes. Alguns da geração mais velha ainda mantinham a crença no «socialismo com rosto humano» anunciado por Alexander Dubček, o presidente da Checoslováquia, durante a primavera de Praga de 1968. A maioria dos jovens não acreditava que o socialismo pudesse mostrar um rosto humano ou que, se o tentasse, ele tivesse melhor aparência do que um daqueles monstros com rosto humano pintados por Hieronymus Bosch.

Na sua maioria, as pessoas que conheci eram sossegadas, estudiosas, não raro profundamente religiosas, tentando construir santuários nas catacumbas, em torno dos quais pequenos círculos de indivíduos marginalizados podiam reunir-se para venerar a memória da sua cultura nacional. Isso era especialmente verdadeiro para os Checos, cuja cultura nacional fora oficialmente confiscada após a invasão soviética. Na Polónia e na Hungria, os dissidentes ainda podiam ocupar cargos

38   Contra a corrente

nas universidades oficiais, e, de qualquer modo, na Polónia — depois da peregrinação do Papa João Paulo II à sua terra natal em 1979 —, toda a gente era dissidente. Ainda assim, isso não alterava o facto de que havia um preço alto para a oposição ao comunismo, e poucos tiveram coragem suficiente para o pagar.

A minha pequena contribuição consistiu em juntar-me a colegas com ideias similares para contrabandear livros e imprimir materiais, organizar palestras e manter um serviço de mensagens clandestino. A experiência ensinou-me muito sobre as pessoas e, particularmente, sobre o efeito transformador do sacrifício no carácter humano. As pessoas que conheci estavam imbuídas de uma gentileza e preocupação mútuas acima do comum. Era difícil ganhar a confiança delas, mas, uma vez concedida, essa confiança era completa.

Além disso, porque o saber, a cultura e a herança espiritual europeia eram, para elas, símbolos da sua própria liberdade interior e da independência nacional que procuravam recordar, se não reaver, olhavam para essas coisas com uma veneração invulgar. Como visitante oriundo do mundo do divertimento, da *pop* e das histórias aos quadradinhos, espantou-me descobrir estudantes para quem palavras dedicadas a tais coisas eram palavras desperdiçadas, e que se sentavam naquelas pequenas bolsas de ar clandestinas a estudar literatura grega, filosofia alemã, teologia medieval e as óperas de Verdi e Wagner.

Em 1985, a polícia secreta tomou providências contra mim e fui preso em Brno; as visitas à Checoslováquia terminaram e fui seguido na Polónia e na Hungria. Mas a nossa equipa continuou até 1989, quando, para nossa surpresa, as catacumbas foram abertas e os nossos amigos saíram para a luz do Sol, pálidos, a cambalear e desorientados, para serem aclamados pelo povo como os depositários naturais do seu país restituído. Foi um momento maravilhoso, e durante algum tempo acreditei que o espírito público que reinara nas catacumbas iria agora governar o Estado.

Não o quis o destino. Tendo sido excluídos durante décadas das recompensas da promoção mundana, os nossos amigos eram incapazes de cultivar aquelas artes — hipocrisia, deslealdade e *Realpolitik* — sem as quais é impossível permanecer no governo.

Exerceram os seus cargos por algum tempo, piedosamente assistidos pelo seu pessoal, ex-membros da polícia secreta, enquanto rivais afáveis e muito viajados, do tipo com quem tanto os sociais-democratas

Primeira parte: Quem sou eu? 39

alemães como os gaulistas franceses podiam «negociar», preparavam-se cuidadosamente para as eleições seguintes.

Desde 1945 que não desapareciam tantos registos de filiação partidária, nem se inventavam tantas biografias dissidentes. Em dois anos, os verdadeiros dissidentes haviam regressado aos seus gabinetes de estudo, ao mesmo tempo que lá fora o mundo acelerava, liderado por uma nova classe política que aprendera a acrescentar uma reputação de frontal dissidência a todas as suas outras dissimulações. Éramos testemunhas do que Dubček havia prometido: socialismo com rosto humano.

A preocupação mais urgente dessa nova classe política era aceder ao dinheiro fácil da União Europeia, que prometia recompensas de um género até aí usufruído apenas pelo círculo íntimo da polícia secreta.

A resistência à UE que temos visto na Europa de Leste deve ser compreendida a esta luz. Embora incomparavelmente mais benignas do que o Partido Comunista, as instituições europeias envolvem a imposição de uma administração de cima para baixo, cargos inimputáveis, e um sistema de elaboradas recompensas pela cooperação, a um povo que associa essas coisas ao passado soviético. Os Checos, particularmente, ficaram perturbados ao descobrir que a nova classe política prefere o poder imperial incontestável à dedicação do governo responsável. Só o presidente Klaus, um sobrevivente daqueles primeiros dias de júbilo, tentou tomar posição contra o novo Moloch, e também ele teve de transigir.

Os Polacos ficaram igualmente chocados com o impacto da legislação da UE, que insiste em cláusulas de «não-discriminação» e num ror de «direitos humanos» orientados por uma agenda incompatível com os princípios fundamentais da fé católica. Para o eleitor comum, parece que a nação polaca, cujas reivindicações foram celebradas todos os domingos desde a histórica peregrinação do Papa João Paulo II, não tem nenhum papel a desempenhar no novo processo político. Mas, também na Polónia, a classe política fica feliz ao ser aliviada do fardo da governação por instituições que recompensam o bom comportamento e não exigem a ninguém que preste contas pelas decisões verdadeiramente importantes.

A UE facilitou a transição do comunismo. Ela preencheu o vácuo legal — na verdade, preencheu-o até rebentar. Ofereceu vias fáceis para o comércio transfronteiriço e o fluxo de investimento. Isso levou a uma troca de conhecimentos necessários e — no caso da Polónia — a uma fuga maciça da população trabalhadora.

Porém, hoje, esses países em nada se assemelham às nações libertadas que foram sonhadas nas catacumbas, porquanto, no momento em que as pedras foram erguidas e o ar da liberdade soprou pelos altares subterrâneos, a chama que neles fora mantida viva apagou-se instantaneamente.

Encontrar a Scrutopia na República Checa

(The Spectator, *2013*)

Este ano, a ceifa foi fácil e terminou em boa altura para as férias. Sou contra as férias, tendo trabalhado toda a minha vida para construir um território soberano, cujo abandono é uma desilusão garantida. No entanto, as crianças ainda precisam de ser convencidas da futilidade das esperanças humanas e, portanto, devem ser levadas, uma semana ou assim, para lugares que renovem a sua confiança na Scrutopia como o único refúgio seguro de um mundo estranho. Como sempre, escolhemos a República Checa; e, como sempre, ela refuta a minha posição. Não sei o que tem Brno, mas sinto-me ali tão em casa quanto possível em qualquer lugar. E a Sophie e as crianças sentem o mesmo.

Pedimos emprestada a velha casa de campo na região dos Sudetas da Morávia para explorar uma paisagem apagada pela guerra. Desde a expulsão dos Sudetas alemães, os seus campos foram-se gradualmente reflorestando. Os caminhos entre as plantações, nos quais cada cruzamento era marcado por um calvário de pedra ou o santuário de um santo padroeiro, estão agora cobertos de vegetação, e a encantadora estatuária terá sido furtada para algum jardim burguês. E as igrejas, embora ainda funcionem graças à chegada de padres polacos, têm um ar desleixado: as suas festividades pitorescas já não são reverenciadas, e as suas antigas congregações são recordadas apenas nas lápides em língua alemã. Aqui, porém, como noutros lugares, a morte de um modo de vida é o nascimento de outro, e a paisagem despovoada oferece à nova geração de checos um lugar perfeito para acampar, pescar, nadar nos lagos, andar de bicicleta em grupos familiares e, de uma forma geral, reatar a ligação com o seu país tantas vezes roubado.

42   Contra a corrente

A disputa de território é um grande estímulo para a arte, a literatura e a música. A ela devemos o grande florescimento de uma cultura nacional na música de Janáček, nos escritos de Hašek e Čapek, e nos pequenos teatros que, entre as guerras, uniam os Checos num espírito de sátira a si mesmos. Esse espírito ainda existe em Brno, graças ao Teatro do Ganso na Corda, dirigido pelo infatigável Petr Oslzlý, que o manteve em funcionamento durante os anos de «normalização» comunista e que ainda o vê como forma de mostrar que, havendo checos envolvidos, nada pode ser normalizado. Passamos um serão feliz a relembrar os nossos dias na clandestinidade e a perguntar-nos se o Ganso deveria encenar uma sátira do presidente Zeman embriagado, ou se Zeman já é sátira que chegue.

De volta a casa, descubro que as galinhas não foram comidas, que os cavalos não levaram coices e que a casa ainda está de pé. Há também um cão — outra concessão às crianças e à sua crença incorrigível de haver sempre espaço para melhorias. É uma *border collie*, uma cachorrinha com uma necessidade inata de correr atrás dos outros animais e tentar encurralá-los. Os cavalos ignoram-na, as vacas voltam-se contra ela ameaçadoramente, e as galinhas voam pelo quintal a cacarejar. Só com os peixes é que a sua diligência é recompensada, já que ela corre em redor da borda do lago enquanto eu os alimento, e parece convencida de que é graças aos seus esforços heroicos que os peixes ficam retidos entre as margens.

A melhor coisa do verão são os Proms([1]), e este ano especialmente devido à maravilhosa interpretação de Daniel Barenboim do ciclo do Anel de Wagner. Estudei essa obra estupenda durante a maior parte da minha vida adulta, cada vez mais convencido da sua grandeza e da verdade da sua visão subjacente. E a versão apaixonada e atenciosa oferecida por Barenboim e pelo seu elenco cheio de estrelas não deixa dúvidas quanto a isso. Foi ainda mais convincente pela ausência de um encenador, podendo o maestro e os cantores dedicar-se à história, libertos de cenários ridículos. Porque será que agora estamos condenados a experimentar essa obra criada por uma das maiores imaginações que já existiram, por intermédio da imaginação ressequida de encenadores que sabem fazer troça dos nossos ideais, mas que nunca perceberam porque precisamos deles?

Um inconveniente das férias em família é que perdemos a apresentação nos Proms de *A Vision of the Sea*, de David Matthews. David

---

([1]) Série de concertos diários de música clássica que decorre no verão, durante oito semanas, tendo como palco principal o Royal Albert Hall, em Londres. [N. do R.]

Primeira parte: Quem sou eu?   43

festejou o seu septuagésimo aniversário neste ano e afirmou-se através de constante trabalho árduo e inspiração sempre renovada como um dos principais expoentes da forma sinfónica. Ele continuou a compor bela música inspirada por coisas belas, confrontando a visão ortodoxa de que ser moderno é ser desafiador, perturbador, provocador, transgressivo, etc., etc. A defesa modernista do gesto provocador tem produzido muitos mais lugares-comuns e banalidades do que a tentativa de continuar a compor como Beethoven compunha, «do coração para o coração». Essa tentativa ainda é reverenciada na Grã-Bretanha, e os Proms foram disso testemunho, com uma apresentação brilhante por Vadim Repin do melodioso *Concerto para Violino* de James MacMillan. Prouvera que a comunidade artística conseguisse aprender com os nossos compositores que a originalidade não é tudo e que, de qualquer forma, não deve ser alcançada ao produzirmos a nossa própria versão do urinol de Duchamp.

Diário — agosto de 2016

(The Spectator, 2016)

Para Edimburgo, para o festival literário, onde devo explicar o meu livro *Fools, Frauds and Firebrands: Thinkers of the New Left* [Tolos, Impostores e Agitadores: Pensadores da Nova Esquerda] a respeitáveis escoceses de classe média, que têm uma maneira encantadora de sugerir que eu, como eles, sou uma coisa do passado. Fazem fila para comprar o livro, o que é simpático da parte deles; no entanto, a editora não conseguiu entregar nenhuma cópia, por isso, a necessidade de se desfazerem de algumas libras por uma questão de delicadeza desvanece-se sem custo. Só os estudantes na fila me despertam da minha complacência. Onde é que encontramos alívio, perguntam eles, quando as nossas listas de leitura são uma algaraviada da qual só conseguimos perceber que é tudo de esquerda? Não há uma rede, uma sociedade secreta, uma lista de leitura alternativa para nos ajudar nos próximos três anos? Não existe, numa universidade moderna, nenhum «espaço seguro» para os conservadores?

Só conheço um remédio para tomadas de poder esquerdistas, que é começar de novo. Os deputados decentes do Partido Trabalhista deviam tomar nota disto. Quando organizámos a universidade clandestina em Praga, elaborámos um currículo inteiramente de clássicos com um orçamento de 50 000 libras anuais. Nós, os professores, e eles, os alunos, éramos voluntários; a nossa preocupação comum era o conhecimento, não a ideologia; o diálogo, não o recrutamento. No entanto, assim que o Estado se impõe, e os seus vastos recursos são disponibilizados para pessoas que de outra forma seriam incapazes de ganhar um cêntimo, entram em cena os impostores e as fraudes.

Entoar conversa fiada de Deleuze confere um ar de erudição mesmo ao menor dos intelectos de segunda categoria, e dado que na maioria dos departamentos de humanidades o ensino já não é obrigatório e os únicos testes são políticos, não há resposta para aqueles estudantes desesperados, exceto começar algo de novo. É o que estamos a fazer na Universidade de Buckingham.([1])

De volta a casa para uma penosa hora de fisioterapia. Este ano, aconteceram-me duas coisas surpreendentes e maravilhosas. A primeira foi uma queda de uma ponte, no meu cavalo Desmond — que me partiu o fémur em quatro lugares ao usá-lo como alavanca para sair da água. Isso foi há cinco meses, e o resgate por ambulância aérea e o NHS([2]) encheram-me de um género de gratidão que eu mal conhecia. A lenta recuperação tem sido um período para pensar sobre o que é importante para mim e como outras pessoas são mais importantes. Até a fisioterapia, com esses pensamentos presentes, é bem-vinda.

A segunda coisa surpreendente e maravilhosa foi o título de cavaleiro conferido na lista de honras do aniversário da Rainha, não pelos meus serviços à justa indignação (apesar do orgulho que tenho deles), mas pela minha vida como educador. No exato momento em que a minha mulher, Sophie, como mestre em cães de caça no VWH Hunt([3]), ganhou aquelas preciosas letras «MFH»([4]) a seguir ao seu nome, já pode colocar «Lady» à frente dele. Uma pena, claro, que o nome seja o meu, com o seu som ridículo, tão facilmente satirizado. Mas não se pode ter tudo e, de qualquer forma, por mais eufónico que seja o seu nome de solteira, Jeffreys, ela deve viver com o facto de que o herdou do mais notório juiz de enforcamento([5]) da história da Inglaterra.

Claro, na cultura de primeiro nome que agora prevalece, os títulos podem parecer meramente decorativos e ofensivos ao culto da igualdade. A morte do duque de Westminster avivou brevemente o tema do que faz por nós uma aristocracia com títulos de nobreza. A minha opinião é que os títulos devem ser preferidos à riqueza como marca de

---

([1]) Referência ao mestrado em Filosofia que o autor fundou em 2015. [N. do T.]

([2]) O Serviço Nacional de Saúde britânico. [N. do T.]

([3]) Clube de caça da região de Vale of the White Horse, parte do distrito de Oxfordshire. [N. do T.]

([4]) Abreviatura de *Master of Foxhounds*, mestre de cães de caça à raposa. [N. do T.]

([5]) *Hanging judge*, no original: juiz que com frequência determina a pena de forca para os condenados. O antepassado de Sophie Scruton foi George Jeffreys (1645–1689), que chegou ao cargo de Lorde Chanceler no reinado de Jaime II. [N. do T.]

46   Contra a corrente

distinção, pois conferem prestígio sem poder. Eles promovem a ideia de recompensa puramente imaterial e representam a eminência como algo a ser cumprido, não um poder a ser usado. É claro que se pode abusar dos títulos, e há uma espécie de pretensiosismo que os acompanha. Acabe-se com eles, porém, e ficamos com as obsessões mesquinhas da cultura de «celebridade», a idolatria norte-americana da riqueza ou o culto ao poder da máfia russa. Um título herdado santifica uma família e o seu antigo território. Essa poesia é exprimida com beleza por Proust, que escreveu sobre uma aristocracia à qual tudo fora tirado, exceto os seus títulos — pense-se em «Guermantes» e compare-se com «Trump».

De volta a casa, no meu papel de grande mandachuva da Horsell's Farm Enterprises, e a preparar-me para o Dia da Maçã, em 22 de outubro, para o qual estão todos convidados. O nosso negócio é uma ideia esplêndida que reúne num único pedaço de terra todas as coisas que fazemos e as marca com o cobiçado nome de «agricultura». Conseguimos até reunir um grupo de conservadores dispersos para uma conferência na vizinha localidade de Cirencester, como parte da nossa missão de fomentar a dissidência mundial. Eles (o Encontro de Vanenburg) são jovens, vêm de todas as paragens da civilização Ocidental e concordam apenas numa coisa, que é o direito de essa civilização se defender. E tudo o que vejo da minha janela, incluindo as vacas, confirma aquilo em que eles acreditam.

Segunda parte:

Quem somos nós?

A consciência conservadora

(The Salisbury Review, *1994*)

Vivemos tempos perturbadores para a consciência conservadora. O Ocidente está à deriva sem liderança, a anarquia propaga-se pela Ásia e pela África, e o processo político na Europa foi absorvido pela fantasia da União Europeia. Em quase todos os lugares do mundo civilizado encontramos sinais de decadência social: o declínio da observância religiosa e dos costumes locais; o aumento do crime e da violência; a cultura pornocrática dos meios de comunicação de massas; a profanação do amor e do casamento; o colapso da educação e o recuo do indivíduo para a sua esfera de prazer privada. Essas coisas ameaçam povoar o mundo com uma nova espécie humana — insensível, desleal, promíscua, inculta e ímpia — cuja única demanda é o prazer presente, e que olha para os sofrimentos dos outros com indiferença ou alegria. Perante essa perspetiva, os que de nós foram criados na antiga ordem do mundo podem ser tentados a desesperar, e ainda mais quando vemos a quantidade de gente da nossa geração que está pronta a aceitar ou justificar as trivialidades imperantes e pregar o evangelho moderno que nada vê de criticável em mulheres no sacerdócio, em Sir Richard Rogers ou na nova Radio 3.([1])

Contudo, o desespero cultural acompanha-nos há muitas décadas, e escritores que não têm outra mensagem, ou que procuram confortar-nos com fantasias de uma vida fora da civilização, apenas ilustram o

---

([1]) O canal da BBC dedicado principalmente à música clássica passava então por alterações importantes na sua filosofia e programação, a fim de diversificar a audiência. [N. do T.]

50 *Contra a corrente*

que condenam. Os textos exasperados de homens como F. R. Leavis e
D. H. Lawrence são também exasperantes. Só vivemos uma vez, e essa
vez é *agora*. A escolha está diante de nós, como esteve diante de todos
os seres humanos na história, viver bem ou mal, ser virtuoso ou cruel,
amar ou odiar. E esta é uma escolha *individual*, que só indiretamente
depende das condições culturais, e que mais ninguém pode fazer no
nosso lugar. Se a nossa cultura está desmoralizada, é em parte por falta
de bons exemplos. Um bom vizinho, um pai afetuoso, um professor
consciencioso, um amigo leal ou um cônjuge fiel são alvos não apenas
de admiração, mas de emulação. Ninguém aprecia, e muito menos
admira, a frieza, a ociosidade ou a infidelidade, mesmo quando encontra em si mesmo essas qualidades. Está na nossa natureza como seres
sociais e morais sermos atraídos pela virtude e repelidos pelo vício, e
a sociedade nunca pode degenerar ao ponto de só o vício ter seguidores. Ao viver bem, ajudamos os outros a viver bem, e isso é motivo de
alegria para nós e para eles.

De facto, se víssemos a questão *sub specie aeternitatis*, poderíamos
ser convencidos de que é bom ter nascido nesta época de decadência. A nossa geração recebeu um privilégio que as gerações futuras
talvez nunca conheçam — uma visão da civilização ocidental na sua
totalidade e um conhecimento do seu significado interior. Foram-nos
dadas as verdades puras da religião cristã e a moralidade do sacrifício
que transforma a renúncia em triunfo e o sofrimento numa alegria
secreta. Também tivemos a possibilidade de ver o que acontecerá se
perdermos essas dádivas. Tivemos uma oportunidade de trabalhar
em nome delas, que nenhuma geração anterior teve, e que nenhuma
geração futura pode desejar.

Se os nossos líderes políticos nos desiludem, é porque não têm a
mais vaga ideia dessa oportunidade, ou porque a encaram com o tipo
de cinismo entediado que os impede de dar o exemplo. Mas há mais na
vida do que política, e mesmo os que carecem do profundo descanso
que vem da religião verdadeira ainda podem ser surpreendidos com a
alegria. Pois consideremos o que não foi destruído: a música, a poesia
e a arte; os textos sagrados e o conhecimento secular que deles deriva;
o impulso de amar e de aprender, que só desaparecerá com a espécie
humana; o hábito ainda vivo de associação e criação de instituições,
no qual se podem alimentar todos os nossos melhores impulsos. Estas
são as respostas ao desespero e a fonte de esperança em qualquer
época. A sociedade depende dos santos e heróis que podem mais uma

vez dispor essas coisas à nossa frente e mostrar-nos o valor delas. Esta não é uma tarefa para o político, cujo papel verdadeiro não é criar uma sociedade, mas sim representá-la. É uma tarefa para o educador, o sacerdote e o cidadão comum cujo espírito público é despertado em favor dos seus vizinhos.

Essas pessoas hesitam em chegar-se à frente, em grande parte porque os *media*, dominados por materialistas banais e cínicos sarcásticos, irão cobri-las de ridículo. Mas o grande mérito da nossa civilização, e da religião cristã sobre a qual está fundada, é que ela nos ensina a aceitar o ridículo, a saber que o melhor é sempre ridicularizado por aquilo que se sente condenado por ele, e de nos consolarmos por transmitir conhecimento a uma pessoa, independentemente do escárnio daqueles que, de qualquer forma, nunca poderiam recebê-lo. É claro que é difícil sentir a plena confiança que esses ensinamentos exigem. Mas eles dirigem-se a cada um de nós individualmente, e a sua validade não é afetada pelo que os outros pensam ou fazem. Temos dentro de nós a fonte da nossa salvação: basta convocá-la e sair para o mundo.

O legado de Blair

(The Salisbury Review, 1997)

Qual será o efeito mais duradouro do governo de Blair? Será uma mudança constitucional maciça, a consolidação da estrutura de poder europeia, a ruína da educação privada ou o crescimento de uma nova quangocracia[1]? Ou será outra coisa, alguma inovação por imaginar, declaração solene adequada a um partido socialista que descartou a agenda socialista sem adquirir outra para a substituir? A nação aguarda, de respiração suspensa, pelos feitos reais que darão sentido a tantas palavras irreais. Mas a nação não deve esquecer as palavras, pois o Novo Trabalhismo é o produto da tagarelice. As suas políticas — como, por exemplo, as propostas de reforma constitucional — são incursões na realidade feitas a partir do sofá. Elas têm o ar imaginário das discussões de café, mas em que só um dos lados é ouvido.

E este será o efeito mais importante de Blair no poder: o triunfo do politicamente correto. As políticas serão escolhidas não pela sua prudência ou por haver necessidade delas. Elas serão escolhidas para fomentar a cultura de igualdade e inclusão, a cultura das nossas universidades, que agora está prestes a entrar no mundo real da tomada de decisões. Independentemente de a ação afirmativa ser ou não introduzida por cá, é garantido que a visão feminista norte-americana das mulheres, da família e do emprego conseguirá um público. Os processos por discriminação sexual e racial aumentarão, e o estatuto de

---

[1] A palavra provém de *Quango* ou *Quasi-Autonomous Non-governmental Organisation* [Organização Não-Governamental quase Autónoma], designação pejorativa para ONG essencialmente sustentadas pelo Estado através de contratos com o governo. [N. do T.]

vítima tornar-se-á universalmente cobiçado. Em cada semana serão descobertas novas classes de vítimas. No final desta legislatura, toda a gente na Grã-Bretanha será vítima, exceto a minoria de homens de classe média trabalhadores e sobrecarregados de impostos, que arcam com o custo dos outros.

A desagregação da família tradicional prosseguirá e novas estratégias reprodutivas surgirão para a substituir. A fertilização *in vitro* será disponibilizada no NHS, com preferência para lésbicas. Os laços familiares serão cada vez mais penalizados pelo sistema tributário, tal como todas as tentativas de educar os filhos de forma privada. A imbecilização do currículo escolar continuará, e pseudodisciplinas como estudos dos *media*, estudos de comunicação, estudos sociais, estudos desportivos, estudos de mulheres, estudos de raça e de género; em suma, para qualquer x politicamente correto, os estudos de x tornar-se-ão a norma nas universidades. A avaliação modular substituirá os exames finais, e os cursos de disciplina única desaparecerão. O sistema tutorial será abolido, e as faculdades de Oxford e Cambridge esforçar-se-ão ardentemente para demonstrar a sua correção, diminuindo o padrão de admissão para alunos de escolas estatais e aumentando-o para os de escolas públicas([1]).

Serão concedidas honras a estrelas *pop*, pós-modernistas culturais e chupistas do «setor voluntário», com ênfase especial nas minorias. A BBC será consagrada à propaganda igualitária, e todas as tentativas de distinguir o entretenimento «erudito» do «fácil» serão finalmente abandonadas. Entretanto, a posição da elite do socialismo de salão será consolidada em todas as principais instituições culturais. A clique modernista permanecerá à frente da Royal Academy; as galerias de arte serão dirigidas por clones de Michael Craig-Martin e Damien Hirst; a Academia Britânica será controlada pelos protegidos esquerdistas-liberais de Sir Isaiah Berlin, e o planeamento da Nova Grã-Bretanha será confiado a Lord Rogers of Riverside([2]). Os vice-chanceleres serão progressistas maçadores com formação em engenharia ou ciências do solo, enquanto os órgãos consultivos relevantes serão compostos de ativistas políticos do poder local, com um historial de iniciativas

---

([1]) As *public schools* são uma pequena parte, mais elitista e tradicional, das escolas privadas inglesas. A escola pública como a entendemos em Portugal equivale à *state school* (escola estatal) britânica. [N. do T.]

([2]) Título honorífico do arquiteto Richard Rogers (1933–2021). [N. do T.]

54 Contra a corrente

antirracistas, antissexistas, antinucleares, anti-homofóbicas e outras formas de agitação antiburguesa.

A ideologia da igualdade e dos direitos substituirá a da recompensa e do dever, e os decretos dos tribunais europeus extinguirão gradualmente a velha ideia de responsabilidade individual do direito comum. Os «direitos de Grupo» serão reconhecidos e aplicados pelos tribunais e integrados na legislação, com minorias favorecidas a obter privilégios recusados a qualquer anglo-saxão étnico. Os títulos e formas de tratamento desaparecerão, os indivíduos tornar-se-ão «cidadãos» e nenhum nome será usado no discurso público além do primeiro nome — não mais designado «cristão», já que isso discriminaria muçulmanos, pagãos e judeus.

A cultura e a educação serão consideradas cada vez mais perigosas, e serão envidados esforços, sobretudo nas escolas, para garantir que os genuinamente educados nunca consigam uma oportunidade de ensinar. Precisamente enquanto o governo dos assuntos da nação é transferido para burocratas estrangeiros, cada vez menos «cidadãos» britânicos serão capazes de ler ou falar língua alguma, além da própria. Também a sua compreensão do inglês diminuirá, à medida que a gramática imperfeita e o vocabulário improvisado adquirirem o estatuto de «alternativas» legítimas.

A incúria sexual tornar-se-á a política oficial do governo, com preservativos e abortos disponíveis gratuitamente para crianças de qualquer idade. Conselheiros sexuais rondarão as escolas em busca da inocência para a destruir, e novos códigos de ética serão introduzidos no lugar da religião — códigos que já não «privilegiem» o casamento ou a união heterossexual em relação às alternativas igualmente legítimas. Enquanto isso, os delinquentes juvenis serão postos nas mãos de oficiais de liberdade condicional esquerdistas, que os ajudarão a reerguer-se e a ir aos bolsos das suas vítimas de classe média, enquanto os passeios em carros roubados serão legitimados como uma expressão autêntica das frustrações dos jovens.

Em suma, tudo prosseguirá como até agora com os Conservadores, apenas mais depressa e sem o resíduo comprometedor da culpa.

Uma questão de temperamento

(The Wall Street Journal, *2002*)

Aqui e ali no mundo moderno, podemos encontrar países com partidos conservadores. A Grã-Bretanha é um deles. Mas os EUA são o último país remanescente com um movimento conservador genuíno. Esse movimento conservador exprime-se na política, em iniciativas sociais entre pessoas comuns, nos meios de comunicação e em revistas intelectuais com uma mensagem explicitamente conservadora. É verdade que a filosofia política na academia norte-americana tem sido dominada pelos liberais e pelo projeto ao qual o falecido John Rawls dedicou a sua vida, o de produzir uma teoria da justiça que justificasse o Estado-providência. Não obstante, mesmo nas universidades norte--americanas podemos encontrar conservadores que estão preparados para defender as suas convicções.

Na Grã-Bretanha, há muito poucos académicos que confessem publicamente as suas convicções conservadoras. E temos apenas duas publicações conservadoras dignas de nota: o semanário *Spectator* e a *Salisbury Review*, trimestral, que editei (com um custo enorme para a minha carreira intelectual) nos seus primeiros 18 anos de vida e cuja minúscula circulação é mantida quase exclusivamente por assinatura privada. Nos Estados Unidos, pelo contrário, surgem constantemente publicações conservadoras, que encontram públicos vastos e solidários e granjeiam amiúde financiamento de fundações e empresas. Recentemente, surgiu mais uma revista conservadora, e a preeminência do seu editor — Patrick Buchanan — levará a muita especulação sobre o que realmente significa o nome da revista: *American Conservative* [Conservador Americano]. Talvez um conservador britânico possa iluminar esta matéria.

56   Contra a corrente

É uma tautologia dizer que um conservador é uma pessoa que quer conservar coisas. A pergunta é: que coisas? A isto, acho que podemos dar uma resposta simples, de uma só palavra: *nós*. No coração de toda a diligência conservadora, está o esforço para conservar uma determinada comunidade histórica. Em qualquer conflito, o conservador é aquele que toma partido por «nós» contra «eles» — não sabendo, mas confiando. É ele quem procura o bem nas instituições, costumes e hábitos que herdou. É ele quem procura defender e perpetuar um sentimento instintivo de lealdade e, portanto, desconfia de experiências e inovações que põem em risco a lealdade.

Assim definido, o conservadorismo não é tanto uma filosofia como um temperamento; mas é, creio eu, um temperamento que surge naturalmente da experiência da sociedade e que é realmente necessário para que as sociedades perdurem. O conservador esforça-se para diminuir a entropia social. A segunda lei da termodinâmica implica que, no longo prazo, todo o conservadorismo terá de falhar. Mas isso também é verdade para a própria vida, e o conservadorismo pode igualmente ser definido como a vontade de viver do organismo social.

Claro, existem pessoas sem temperamento conservador. Existem os radicais e inovadores, que ficam impacientes com os escombros deixados pelos mortos; e o seu temperamento também é um ingrediente necessário em qualquer mistura social saudável. Há também os rebeldes instintivos da variedade Chomsky, que em todos os conflitos ficam do lado «deles» contra «nós», que troçam das lealdades comuns das pessoas comuns e que procuram principalmente o que há de mau nas instituições, costumes e hábitos que definem a sua comunidade histórica. Ainda assim, de uma maneira geral, o futuro de qualquer sociedade depende do resíduo sólido do sentimento conservador, que constitui o lastro de toda a inovação, e do processo de equilíbrio que torna a inovação possível.

O 11 de setembro de 2001 suscitou a pergunta: «Quem somos nós, para que eles nos ataquem, e o que justifica a nossa existência como um "nós"?» O conservadorismo norte-americano é uma resposta a essa pergunta. «Nós, o povo», diz ele, constituímos uma nação, estabelecida num território comum sob um Estado de direito comum, unida por uma única constituição e uma língua e cultura comuns. A nossa principal lealdade é para com esta nação e para com a jurisdição secular e territorial que torna possível à nossa nação perdurar. A nossa lealdade nacional é inclusiva e pode ser estendida aos recém-chegados,

Segunda parte: Quem somos nós? 57

mas só se eles assumirem os deveres e responsabilidades, assim como os direitos, da cidadania. E é reforçada por costumes e hábitos que têm a sua origem no legado judaico-cristão, e que devem ser constantemente renovados com base nessa fonte, para que perdurem. No contexto moderno, o conservador norte-americano é um opositor do «multiculturalismo» e da tentativa liberal de separar a constituição da herança religiosa e cultural que a criou.

O conservadorismo norte-americano acolhe de bom grado o empreendimento, a liberdade e o risco, e vê o Estado burocrático como o grande corruptor desses bens. Mas a sua filosofia não se baseia em teorias económicas. Se os conservadores preferem o mercado livre, não é por as soluções de mercado serem as formas mais eficientes de distribuir recursos — embora o sejam —, mas porque obrigam as pessoas a arcar com os custos das suas próprias ações e a tornarem-se cidadãos responsáveis. As reservas conservadoras sobre o Estado-providência refletem a crença de que a providência gera uma cultura de dependência, na qual as responsabilidades são soterradas pelos direitos.

O hábito de reivindicar sem merecer não se limita somente à máquina do Estado social. Uma das causas conservadoras mais importantes nos Estados Unidos deve ser seguramente a reforma do sistema de júri, que permitiu que ações coletivas e reivindicações frívolas — incluindo reivindicações de estrangeiros — sabotassem a cultura de recompensa honesta e garantissem que a riqueza, por mais diligente e honestamente que tenha sido adquirida, possa, em qualquer momento, ser roubada do seu produtor para acabar nos bolsos de alguém que nada fez para a merecer.

Um dos grandes méritos do movimento conservador dos Estados Unidos é que ele tenha compreendido a necessidade de definir a sua filosofia ao mais alto nível intelectual. O conservadorismo britânico sempre desconfiou de ideias, e o único grande pensador conservador moderno no meu país que tentou disseminar as suas ideias através de um jornal — T. S. Eliot — era, na verdade, norte-americano. O título do seu jornal (*The Criterion*) foi pedido emprestado por Hilton Kramer quando este fundou aquele que é decerto o único jornal conservador contemporâneo inteiramente dedicado a ideias. Sob a direção de Kramer e de Roger Kimball, *The New Criterion* tentou romper o monopólio cultural do aparelho liberal e, consequentemente, é lido nas nossas universidades britânicas com espanto, irritação e (gosto de o imaginar) insegurança.

58   *Contra a corrente*

A influência de Eliot foi propagada nos Estados Unidos pelo seu discípulo Russell Kirk, que deixou claro para toda uma geração que o conservadorismo não é uma disposição económica, mas cultural, e que não teria futuro se reduzido apenas à filosofia do lucro. Dito sem rodeios, o conservadorismo não tem que ver com o lucro, mas com a perda: sobrevive e floresce, porque as pessoas têm o hábito de lamentar as suas perdas e decidir proteger-se contra elas. Tal não significa que os conservadores sejam pessimistas. Nos Estados Unidos, eles são os únicos otimistas verdadeiros, pois são os únicos com uma visão clara do futuro e uma clara determinação de concretizar esse futuro.

Para o temperamento conservador, o futuro é o passado. Daí que, tal como o passado, ele seja reconhecível e possa ser amado. Segue-se que, ao estudar o passado dos Estados Unidos — as suas tradições de empreendimento, risco, abnegação, compaixão e cidadania responsável —, podemos extrair o melhor argumento para o seu futuro: um futuro em que a lealdade nacional perdure, mantendo o país unido e fornecendo a todos nós, liberais incluídos, as fontes de esperança de que necessitamos. É esta mensagem que tem sido apresentada energicamente pelo *City Journal* de Nova Iorque, e é interessante comparar os seus artigos otimistas sobre as classes desfavorecidas norte-americanas com a visão sombria das nossas equivalentes inglesas, veiculada no mesmo jornal por Theodore Dalrymple.

O alerta que foi o 11 de setembro passou ao lado dos liberais, que conseguiram continuar a sonhar. Os conservadores norte-americanos devem aproveitar a oportunidade para dizer aquelas verdades difíceis que têm sido excluídas do debate recente: verdades sobre a lealdade nacional, sobre a cultura comum e sobre os deveres da cidadania. Nunca se sabe, os Estados Unidos profundos podem até finalmente reconhecer-se, quando abordados desta maneira.

O significado
de Margaret Thatcher

(The Times, *2013*)

Para os políticos de esquerda, «patriotismo» tornou-se uma palavra suja, mais ou menos sinónimo de «racismo». Para os políticos de direita, nada pareceu importar, exceto a pressa de fazer parte da nova Europa, cujos mercados nos protegeriam dos piores efeitos da estagnação do pós-guerra. O interesse nacional fora substituído por interesses específicos: dos sindicatos, dos aparelhos e dos «capitães de indústria».

A situação era especialmente desanimadora para os conservadores, pois Edward Heath, o seu líder nominal, acreditava que governar é render-se: deveríamos entregar a economia aos gestores, a educação aos socialistas e a soberania à Europa. A velha guarda do Partido Conservador concordava amplamente com ele e juntara-se na culpabilização de Enoch Powell, o único entre eles que havia discordado publicamente do consenso do pós-guerra. Nos anos sombrios da década de 1970, quando uma cultura de repúdio se espalhou pelas universidades e pelas elites formadoras de opinião, parecia não haver como voltar ao grande país que, em duas guerras mundiais, defendera com sucesso a nossa civilização.

Então, no meio do nosso desânimo, Margaret Thatcher surgiu, como por milagre, à frente do Partido Conservador. Lembro-me bem da alegria que se espalhou pela Universidade de Londres, onde eu lecionava. Finalmente, alguém a quem odiar! Após todos aqueles anos monótonos de consenso socialista, a vasculhar os cantos desinteressantes da sociedade britânica em busca dos fascistas e racistas mortiços que eram o melhor que se podia arranjar à laia de inimigo, um verdadeiro demónio entrava em cena: nada menos do que uma líder do Partido

60 Contra a corrente

Conservador que tinha o descaramento de declarar o seu compromisso com a economia de mercado, a iniciativa privada, a liberdade do indivíduo, a soberania nacional e o Estado de direito — em suma, com todas as coisas que Marx havia rejeitado como «ideologia burguesa». E a surpresa foi que ela não se importava de ser odiada pela esquerda, pagava na mesma moeda e era capaz de convencer o povo.

Ela encorajou o eleitorado a reconhecer que a vida do indivíduo é dele próprio e que a responsabilidade de a viver não pode ser assumida por mais ninguém, muito menos pelo Estado. Ela propôs-se libertar o talento e a iniciativa que, apesar de décadas de verborreia igualitária, acreditava ainda existirem na sociedade britânica. A situação que ela herdou era tipificada pelo Conselho Nacional de Desenvolvimento Económico, criado em 1962 sob um governo conservador incapaz, a fim de gerir o declínio económico do país. Constituído por figurões da indústria e do funcionalismo público, o «Neddy»([1]), como era conhecido, dedicava-se a perpetuar a ilusão de que o país estava em «mãos seguras», de que havia um plano, de que gestores, políticos e dirigentes sindicais estavam todos no mesmo barco e a trabalhar para o bem comum. Ele era o epítome do antigo sistema britânico, que abordava os problemas da nação nomeando comités de pessoas que os haviam causado. A sua ideia dominante era que a vida económica consiste na gestão de indústrias existentes, e não na criação de novas. Wilson, Heath e Callaghan([2]) contaram com o Neddy para confirmar a sua crença comum de que, se aguentassem o tempo suficiente, as coisas acabavam bem e qualquer culpa seria do sucessor. Pelo contrário, Margaret Thatcher acreditava que, nos negócios, tal como na política, a responsabilidade não se passa a outrem. A pessoa importante numa economia livre não é o administrador, mas o empresário — aquele que assume riscos e arca com os seus custos. Os empresários criam coisas; os administradores enterram-nas: isto ensinou-nos ela, e imediatamente ficou claro que tinha razão, já que os efeitos da cultura administrativa eram visíveis em nosso redor.

Digo que foi imediatamente claro, mas não foi claro para a classe intelectual, que se manteve em grande parte comprometida com o consenso do pós-guerra até hoje. A ideia do Estado como uma figura

---

([1]) Da sigla de *National Economic Development Council*. [N. do T.]

([2]) Os três primeiros-ministros britânicos em funções entre 1964 e 1979: Harold Wilson (1916–1995, trabalhista), Edward Heath (1916–2005, conservador) e James Callaghan (1912–2005, trabalhista). [N. do T.]

Segunda parte: Quem somos nós? 61

paterna benevolente, que encaminha os bens coletivos da sociedade para onde estes são necessários e que está sempre presente para nos resgatar da pobreza, da doença ou do desemprego, permaneceu no primeiro plano nas ciências políticas académicas da Grã-Bretanha. Ainda esta manhã, ao preparar uma conferência sobre filosofia política, achei interessante descobrir que o texto prescrito descreve algo chamado Nova Direita, associada pelo autor a Thatcher e a Reagan, como um ataque radical aos membros vulneráveis da sociedade. A argumentação do autor é dedicada à distribuição da riqueza, pressupondo que esta é a principal tarefa do Governo e que o Governo é singularmente competente para a levar a cabo. O facto de a riqueza só poder ser distribuída se primeiramente for criada parece ter-lhe passado despercebido.

Para começar a criar riqueza, Margaret Thatcher teve primeiro de romper o poder dos sindicatos, o que significava confrontar estalinistas como Arthur Scargill([1]). Esse grande conflito foi apenas um de muitos. Talvez a lição mais importante a ser aprendida com o seu estilo político seja a de que a negociação e o compromisso podem às vezes ser apropriados, mas que o confronto e o desafio são igualmente importantes e, às vezes, o único recurso. Ela compreendia o dano causado ao nosso país ao longo do século XX pela política de apaziguamento. E quando surgiu a oportunidade de escolher o confronto, ela agarrou-a imediata e instintivamente. A sua decisão de resistir à junta de generais fascistas que tomaram o poder na Argentina lembrou a rainha Isabel I a confrontar o rei Filipe de Espanha. A Guerra das Falklands restaurou o nosso orgulho nacional e fortaleceu a determinação de Thatcher de se opor à ameaça soviética. Também lhe deu autoridade para confrontar o IRA e mostrar ao movimento republicano que as táticas terroristas não teriam sucesso.

As ambições de Lady Thatcher foram muito além da sua capacidade para, sem ajuda, as alcançar. Ela esperava reformar o sistema educativo, opondo-se aos *apparatchiks* socialistas que o controlam e expondo ao ridículo o seu currículo «progressista». Mas ela não tinha nenhum plano que os pudesse derrotar, e a educação continua a ser um feudo socialista até hoje, apesar das corajosas tentativas de Michael Gove de a

---

([1]) Presidente da União Nacional dos Mineiros entre 1982 e 2002, Arthur Scargill liderou a greve dos mineiros de 1984–1985, cuja longa duração (quase um ano), dureza e desaire final enfraqueceram o movimento sindical britânico. [N. do T.]

62 Contra a corrente

reformar. Ela teria gostado de enfrentar o próprio Estado-providência e persuadir as pessoas de que as suas vidas poderiam ser melhores, mais livres e mais simples se o sistema de benefícios sociais lhes pertencesse e não aos burocratas. Mas não se pode enfrentar interesses pessoais sem se tornar odiado, e não se pode desfrutar do apoio do eleitor comum da classe média sem despertar a ira dos intelectuais, para quem nada é mais desagradável do que o eleitor comum da classe média. O *Times* publicava regularmente cartas, assinadas pelos notáveis e pelos virtuosos da época, a denunciar esta ou aquela política do seu governo como o prelúdio de um desastre irreversível. Proposta para um doutoramento honorário na sua *alma mater*, a Universidade de Oxford, ela foi categoricamente rejeitada por uma assembleia nada impressionada com a sua posição como primeira mulher no cargo de primeira-ministra da Grã-Bretanha. A votação fez lembrar a da Oxford Union[1] em 1933, quando a moção de que «esta Casa não lutará em nenhuma circunstância pelo seu Rei e pelo seu país» foi aprovada por larga maioria. Em ambas as ocasiões, Oxford mostrou quão pouca afinidade a nossa elite intelectual tem com o povo britânico.

É claro que Thatcher não era uma intelectual, e foi motivada mais pelo instinto do que por uma filosofia adequadamente elaborada. Como referiu o editorial do *Times*, no dia a seguir à sua morte, ela era uma «mulher de verdades simples». Pressionada para apresentar argumentos, socorria-se muito prontamente da economia de mercado e ignorava as raízes mais profundas do conservadorismo na teoria e na prática da sociedade civil. A sua observação de passagem de que «não existe sociedade» foi alegremente apropriada pelos meus colegas da universidade como prova do seu individualismo grosseiro, da sua ignorância da filosofia social, e da sua fidelidade aos valores da nova geração de empresários, que podiam ser resumidos em três palavras: dinheiro, dinheiro, dinheiro. Na verdade, o que Thatcher quis dizer naquela ocasião era muito verdadeiro, embora fosse o contrário do que ela disse. Ela quis dizer que existe uma coisa chamada sociedade, mas que a sociedade não é idêntica ao Estado. A sociedade é composta de pessoas que se associam livremente e formam comunidades de interesse que os socialistas não têm o direito de controlar nem nenhuma autoridade para sujeitar às suas obsessões.

---

[1] Sociedade de debates gerida por estudantes de Oxford e independente da Universidade. Foi fundada em 1823. [N. do T.]

No entanto, exprimi-lo desta forma não era o estilo de Thatcher e nem o que os seus seguidores esperavam dela. O que o público britânico queria, e o que teve, era o tipo de político instintivo que se podia ver imediatamente que falava pela nação, quer tivesse ou não a reserva adequada de argumentos abstratos. Ela falava de forma simples e inteligível de liberdade e empreendimento. Mas, conforme Charles Moore assinalou no seu tributo delicado e perspicaz no *Daily Telegraph*, estava convencida de que o Estado de direito era mais importante do que qualquer dessas coisas, pois, sem aquele, estas não poderiam subsistir. Ela via o direito do nosso país como profundamente entrelaçado com a nossa história nacional e definidor de uma perspetiva única e preciosa sobre o mundo.

Seguramente, sentia os ventos do desprezo intelectual que sopravam à sua volta, e abrigava-se atrás de uma guarda pretoriana de conselheiros económicos versados em «soluções de mercado», «economia do lado da oferta», «soberania do consumidor» e tudo o mais. Mas esses *slogans* da moda não revelavam as suas convicções fundamentais. Todos os seus discursos mais importantes, bem como as suas políticas duradouras, resultavam de uma consciência de lealdade nacional. Ela acreditava no nosso país e nas suas instituições, e via-as como a personificação de afetos sociais cultivados e albergados ao longo de séculos. Família, associação civil, religião cristã e direito comum estavam todos integrados no seu ideal de liberdade sob a lei. E, no seu parecer, essa era a causa que o nosso país havia defendido no passado e devia defender no futuro.

Lady Thatcher mudou tanto as coisas que se tornou impossível ao Partido Trabalhista voltar a enredar-se nas suas teias de aranha vitorianas: a Cláusula IV (o compromisso com uma economia socialista) foi retirada da sua constituição e um novo partido de classe média surgiu, que nada mantinha da velha agenda, exceto o desejo de punir a classe alta, e a estranha convicção de que a maneira de o conseguir é proibir a caça à raposa. No entanto, na época, não foi a repercussão de Thatcher na política doméstica o que mais nitidamente se sentiu, mas a sua presença no cenário internacional. O seu compromisso com a Aliança Atlântica e a sua prontidão em ficar lado a lado com o presidente Reagan, desafiando a ameaça soviética, mudaram completamente a atmosfera na Europa de Leste. De repente, pessoas que tinham sido vergadas e subjugadas pela rotina totalitária souberam que havia líderes ocidentais preparados para insistir na sua libertação. John O'Sullivan defendeu energicamente que a presença simultânea

64 Contra a corrente

nos mais altos cargos de Reagan, Thatcher e do Papa João Paulo II foi a causa do desmoronamento soviético, e a minha própria experiência confirma-o. Ao trabalhar com redes clandestinas nos Estados comunistas, aprendi que os europeus de Leste da minha geração não estavam apenas desiludidos com o comunismo. Eles tinham descoberto que o capitalismo — o papão de todos os contos de fadas comunistas — era real, otimista e credível. Se a Sra. Thatcher e o presidente Reagan acreditavam, então eles também acreditariam. E a sua ânsia de saber mais sobre o capitalismo foi uma grande inspiração para mim naqueles dias em que o tema era quase um tabu na minha universidade.

As iniciativas de política externa de Lady Thatcher não agradavam a todos. Até onde eu conseguia perceber, o Ministério dos Negócios Estrangeiros não tinha vontade de fazer ondas quanto à divisão do pós-guerra na Europa; foi só quando o seu ministro para a Europa de Leste, Malcolm Rifkind, visitou o túmulo do mártir padre Popiełuszko na Polónia que algum reconhecimento oficial foi estendido à oposição polaca, e o gesto de Rifkind não foi, parece-me, sancionado pelo Ministério dos Negócios Estrangeiros. Mas depois, tudo na Polónia mudou. Fora defendido que o Partido Comunista não era o governo legítimo da Polónia, e de que o terreno deveria agora ser preparado para o seu sucessor.

Da mesma forma, quando se tratou de lidar com o terrorismo internacional, a elite governativa britânica opôs-se radicalmente ao instinto de Thatcher, que não era negociar, mas punir. Quando ela rompeu relações diplomáticas com a Síria, após a prova do envolvimento sírio na tentativa de fazer explodir um avião da El-Al que voava a partir de Heathrow, o nosso ex-embaixador naquele país, falando em nome da elite do Ministério dos Negócios Estrangeiros, condenou publicamente a medida como sendo exatamente a maneira errada de lidar com o simpático presidente Hafez al-Assad. Aconteceu-me estar no Líbano nessa altura, quando as tropas sírias fomentavam a guerra civil com o pretexto de a conter, e os nossos jornalistas de esquerda faziam propaganda a favor de Assad. Quase toda a gente que conheci me disse que, graças à senhora Thatcher, tiveram um momento de esperança — um momento em que foi possível acreditar que a sua frágil democracia não seria afinal sacrificada às loucas ambições da família Assad. Não foi por causa de Lady Thatcher que as suas esperanças se esboroaram.

Olhando para trás, diria que o maior legado de Thatcher foi ter posto a nação e o interesse nacional no centro da política. Ela nunca

Segunda parte: Quem somos nós? 65

teve êxito na sua tarefa mais importante, que era negociar a restituição da nossa soberania pela Europa. Suspeito de que ela não tenha visto com suficiente clareza que o processo europeu, tal como constituído pelos tratados, autoriza a conquista sem resistência do nosso país e a confiscação dos nossos bens nacionais. Na ansiedade que esse pensamento me causa, só posso lamentar, pela milésima vez, que ela acabasse por ser rejeitada pelo partido cuja sorte reanimou. Porque é que isso aconteceu?

Certo, ela era confrontadora; fez inimigos em lugares onde poderia ter feito amigos. Ao ameaçar a cultura da dependência do Estado, abalou a ordem construída sobre ela: a BBC, as universidades, as escolas, os *quangos* socialistas, os serviços de assistência social, a enorme quantidade de funcionários públicos. Mas porque foi ela rejeitada pelo Partido Conservador? Faz-me pensar no general ateniense Temístocles. Foi ele quem criou a marinha ateniense, reteve os Persas em Artemísio e finalmente os derrotou em Salamina. Foi ele quem fortificou Atenas e a transformou na cidade mais próspera do Egeu. Mas em 471 a. C., foi condenado ao ostracismo e enviado para o exílio. O seu trabalho foi continuado por Péricles, cuja energia e espírito público permitiram manter as tradições democráticas de Atenas intactas. Mas Péricles também foi destituído do cargo, julgado por acusações forjadas e ameaçado de exílio.

Parece que as democracias têm uma tendência natural para se voltar contra os seus salvadores. Aconteceu com Winston Churchill. Aconteceu com Charles de Gaulle e com Margaret Thatcher. Não foram as falhas desses grandes líderes que causaram a sua queda, mas as suas virtudes. Thatcher, como Temístocles, foi derrubada pelo ressentimento dos seus inferiores. Porque numa democracia essas pessoas têm poder. Porém, agora que ela desapareceu de entre nós, e já não representa uma ameaça a todas as ambições que a sua presença outrora bloqueou, será certamente reconhecida, mesmo por aqueles que conspiraram para a afastar, como a maior mulher da política britânica desde a rainha Isabel I.

Identidade, casamento, família: Os nossos valores conservadores essenciais foram traídos

(The Guardian, *2013*)

A lição importante das eleições locais não é que o Partido Conservador esteja a perder o apelo junto de grupos marginais e eleitorado flutuante — a quem, de qualquer forma, nunca atrai por muito tempo. A lição importante é que o partido pôs em risco a fidelidade dos seus principais constituintes, aqueles que se descrevem voluntariamente como conservadores e que vivem segundo as normas tácitas de um modo de vida comum.

Essas pessoas não são todas de classe média, nem todas prósperas, nem todas educadas para pensar que a economia é a única coisa que importa. Quando os políticos se dirigem a elas com perguntas do género: «Como é que nós consertamos a economia?», «Como é que nós reformamos o nosso sistema educativo?», ou «Como é que nós asseguramos um acordo justo para os reformados?», para elas há uma palavra que se destaca, e essa palavra é «nós». Quem somos nós, o que nos une e como nos mantemos juntos para carregar os nossos fardos como uma comunidade? Para o conservadorismo, isto tem que ver com a identidade nacional. É apenas no contexto de uma primeira pessoa do plural que os problemas — inclusive os económicos — fazem sentido, ou se abrem para a discussão democrática.

Tal foi a ideia que Edmund Burke tentou explicar há 200 anos. Burke era um grande escritor, um pensador profundo e um praticante

Segunda parte: Quem somos nós? 67

político preeminente, com um sentido agudo tanto do dano causado pelas ideias erradas quanto da necessidade real das ideias certas. A sabedoria política, defendia Burke, não está contida numa única cabeça. Não reside nos planos e maquinações da classe política e nunca pode ser reduzida a um sistema. Ela reside no organismo social como um todo, na miríade de pequenos compromissos, nas negociações e responsabilidades locais, pelas quais as pessoas se adaptam à presença dos seus vizinhos e cooperam na salvaguarda do que compartilham. As pessoas devem ser livres para se associar, para formar «pequenos pelotões» ([1]), para dispor do seu trabalho, das suas propriedades e dos seus afetos, de acordo com os seus próprios desejos e necessidades.

Mas nenhuma liberdade é absoluta, e todas devem ter qualidades necessárias para o bem comum. Até que esteja sujeita a um Estado de direito, a liberdade é meramente «a poeira e o pó da individualidade» ([2]). Mas um Estado de direito requer uma lealdade compartilhada, pela qual as pessoas confiam o seu destino coletivo a instituições soberanas que podem falar e decidir em seu nome. Essa lealdade compartilhada não é, como Rousseau e outros defenderam, um contrato entre os vivos. É uma parceria entre os vivos, os vindouros e os mortos — uma confiança contínua que nenhuma geração pode pôr a saque em proveito próprio.

É com um grande suspiro de alívio que leio essas ideias, delicadamente comentadas por Jesse Norman na sua recente biografia de Edmund Burke, uma vez que Norman é uma estrela em ascensão no parlamento e inspira a esperança de que o Partido Conservador possa estar a acordar para a necessidade de uma filosofia credível se não quiser perder os seus verdadeiros seguidores.

Hoje, a nossa situação espelha aquela que Burke enfrentou. Agora, como então, ideias abstratas e projetos utópicos ameaçam desalojar a sabedoria prática do processo político. Em vez do direito comum da Inglaterra, temos a ideia abstrata de direitos humanos, que nos foi

---

([1]) Nesta interpretação, trata-se de uma referência às instituições que medeiam a relação entre o poder e o indivíduo. A expressão surge nas *Reflexões sobre a Revolução na França*, de Burke: «Estar ligado à subdivisão, amar o pequeno pelotão a que pertencemos na sociedade, é o primeiro princípio (o germe, por assim dizer) dos afetos públicos.» [N. do T.]

([2]) Outra expressão de Burke, retirada das *Reflexões*: «Qualquer sociedade que destrua o tecido do seu Estado não tardará a perder-se na poeira e no pó da individualidade.» [N. do T.]

68 Contra a corrente

imposta por tribunais europeus cujos juízes em nada se importam com o nosso tecido social único. Em vez das liberdades que herdámos, temos leis que proíbem o «discurso de ódio» e a discriminação, que podem ser usadas para controlar o que dizemos e o que fazemos de maneiras cada vez mais intrusivas. As instituições primárias da sociedade civil — casamento e família — não têm um claro aval da nossa nova classe política. E, mais importante, o nosso parlamento, sem consultar o povo, entregou a soberania à Europa, perdendo assim o controlo das nossas fronteiras e dos nossos bens coletivos, incluindo o Estado-providência.

Na sua tentativa de tratar do legado económico das políticas perdulárias do Partido Trabalhista e do abuso generalizado do sistema de apoio social, o partido tem o pleno apoio do seu eleitorado tradicional. No entanto, parece desconhecer que, no coração dos eleitores conservadores, a continuidade social e a identidade nacional têm prioridade sobre todas as outras matérias. Somente agora, quando sucessivas vagas de imigrantes buscam o benefício dos nossos bens e liberdades duramente conquistados, o povo compreende plenamente o que significa a perda de soberania. E, contudo, o partido hesita em reverter as políticas que nos deixaram neste estado, enquanto a velha guarda dos europeístas defende essas políticas no plano económico, aparentemente ignorante de que a questão em nada envolve a economia.

Também noutros assuntos, não é o custo económico que preocupa o eleitor conservador, mas a nação e o nosso apego a ela. Sem compreender isso, o Governo lançou-se num programa ambiental politicamente desastroso. Durante dois séculos, o campo inglês tem sido um ícone da identidade nacional e a lembrança amada da nossa ilha-casa. No entanto, o Governo está decidido a atravancar as colinas com turbinas eólicas e os vales com caminhos de ferro de alta velocidade. Os eleitores conservadores tendem a acreditar que a agenda das «alterações climáticas» nos foi impingida por um *lobby* irresponsável de intelectuais politizados. Mas ainda falta que o Governo concorde com eles e, entretanto, está disposto a sacrificar a paisagem se isso ajudar a sossegar os lobistas.

Tal como Burke, os conservadores acreditam que a família é a instituição fundamental pela qual as sociedades se reproduzem e transmitem aos jovens o saber moral. O partido deu alguns sinais nessa direção, mas a sua única política coerente — lançada sem aviso ao eleitorado — é a introdução do casamento homossexual. É claro que há argumentos a favor e contra essa iniciativa. Mas, para o eleitor comum, a família é um lugar onde as crianças são produzidas, socializadas e protegidas. É o que o partido deveria dizer, mas não diz, já que está disposto a sacrificar a lealdade dos seus principais eleitores às exigências de um *lobby* que provavelmente não votará nele.

Muitos leitores do *Guardian* não se preocuparão por os conservadores estarem a alienar o seu principal eleitorado. Mas interessar-se-ão pela opinião de Jesse Norman sobre Burke, uma vez que ela mostra exatamente como e por que tipo de raciocínio esses eleitores podem ser recuperados. E com a recente nomeação de Norman para o conselho político consultivo do partido, a oposição terá de levar o pensamento dele a sério.

O que Trump não percebe do conservadorismo

(The New York Times, *2018*)

Dediquei uma parte substancial da minha vida intelectual à definição e defesa do conservadorismo, como filosofia social e programa político. De cada vez que penso ter batido na cabeça do prego, este escorrega para um lado e o golpe do martelo cai nos meus dedos.

Como muitos outros, tanto conservadores quanto liberais, não previ a carreira política de Donald Trump, nem imaginei que tal homem pudesse ocupar o mais alto cargo do Estado, em nome de um partido que apela especificamente aos eleitores conservadores. Será isso simplesmente uma aberração, ou existirão alguns elos profundos que ligam o presidente à grande tradição de pensamento que descrevo no meu livro recente, *Conservatism: An Invitation to the Great Tradition* [Conservadorismo: Um Convite à Grande Tradição]?

Ao descrever a história de uma ideia, procuramos naturalmente a sua melhor expressão. Uma história do liberalismo terá muito a dizer sobre John Locke e Jean-Jacques Rousseau, um tanto menos sobre Hillary Clinton. Um exame sobre a ideia conservadora demorar-se-á em Edmund Burke e Thomas Jefferson e dedicará somente um ou dois parágrafos a Margaret Thatcher.

Não obstante, a senhora Thatcher, e até certo ponto a senhora Clinton, são conhecidas por invocar as grandes figuras da filosofia política e por mostrar uma consciência educada de que «as ideias têm consequências», conforme afirmou o conservador norte-americano Richard Weaver. Em Trump, encontramos um político que usa as redes sociais para contornar inteiramente o reino das ideias, abordando os sentimentos dos seus seguidores sem um filtro de argumentos cultos

Segunda parte: Quem somos nós? 71

e com um interesse apenas marginal no que possa ter dito qualquer pessoa dotada de razão.

Os Norte-americanos têm consciência dos seus direitos e liberdades constitucionais. Esses bens não são garantidos pela natureza humana e existem apenas porque os Norte-americanos lutaram por eles. E lutaram por eles como uma nação, enfrentando juntos o futuro. A identidade nacional é a origem da confiança da qual depende a ordem política. Essa confiança não existe na Líbia ou na Síria. Mas existe nos Estados Unidos, e o país não possui um bem mais precioso do que a lealdade mútua que permite que as palavras «nós, o povo» ressoem junto a todos os norte-americanos, independentemente de ser um liberal ou um conservador quem as profere.

Essas primeiras palavras da Constituição dos Estados Unidos não se referem a todas as pessoas em toda a parte. Referem-se às pessoas que residem aqui, neste lugar e sob este Estado de direito, e que são os guardiões e beneficiários de uma herança política comum. Perceber esse ponto é o primeiro princípio do conservadorismo.

A nossa herança política não é propriedade da humanidade de uma maneira geral, mas sim do nosso país. Ao contrário do liberalismo, com a sua filosofia de direitos humanos abstratos, o conservadorismo não se baseia numa doutrina universal, mas numa tradição particular, e, pelo menos, esse ponto foi compreendido pelo presidente. Além disso, ele percebeu que a ordem jurídica dos Estados Unidos está fundada nos costumes que a Constituição foi concebida para proteger. Também nisso, Trump mostrou pertencer à tradição conservadora mais vasta, procurando um Supremo Tribunal que aplique a Constituição, em vez de um que a reveja de forma constante, independentemente da legislatura eleita.

Mas, como assinalou Edmund Burke num dos documentos fundadores do conservadorismo moderno, as suas *Reflexões sobre a Revolução na França*, devemos «reformar para conservar». Instituições, tradições e lealdades sobrevivem adaptando-se, e não permanecendo para sempre na condição em que um líder político as pôde herdar. Os pensadores conservadores, na maioria dos casos, compreenderam-no. E o princípio da adaptabilidade aplica-se não apenas ao direito, mas também à economia da qual todos os cidadãos dependem.

Noutro documento fundador do conservadorismo, *A Riqueza das Nações*, Adam Smith defendeu que as barreiras e proteções comerciais oferecidas a indústrias moribundas não servirão, no longo prazo, os

72 *Contra a corrente*

interesses do povo. Pelo contrário, conduzirão a uma economia ossificada que a concorrência irá destroçar. O presidente Trump parece não ter percebido essa parte. As suas políticas protecionistas assemelham-se às dos governos socialistas do pós-guerra na Europa, que isolaram da concorrência as indústrias disfuncionais e, não só conduziram à estagnação económica, como também a um género de pessimismo cultural decerto totalmente contrário à maneira de ser norte-americana.

Os pensadores conservadores, geralmente, louvaram o mercado livre, mas não acham que os valores de mercado sejam os únicos valores existentes. A sua principal preocupação é com as características da sociedade em que os mercados têm pouco ou nenhum papel a desempenhar: educação, cultura, religião, casamento e família. Essas esferas de empreendimento social surgem não através da compra e venda, mas da apreciação do que não pode ser comprado e vendido: coisas como amor, lealdade, arte e saber, que não são meios para um fim, mas fins em si mesmos.

Sobre tais coisas, é justo dizer que Trump só tem, na melhor das hipóteses, uma visão distorcida. Ele é um produto do declínio cultural que vai relegando rapidamente ao esquecimento a nossa herança artística e filosófica. E talvez a principal razão para duvidar das credenciais conservadoras de Trump seja que, sendo uma criação das redes sociais, ele perdeu a noção de que fora delas existe, numa postura de julgamento imparcial, uma civilização acima dos seus negócios e dos seus *tweets*.

Terceira parte:

Porque é que a esquerda

nunca tem razão

A ideologia
dos direitos humanos

(The Times Literary Supplement, *1980)*

O marxismo clássico comprometeu-se com a abolição do Estado-nação e escondeu esse compromisso numa profecia. As lealdades locais e históricas que compõem uma nação, juntamente com os dispositivos constitucionais que as consolidam, foram descritas como «superstrutura», que servem para proteger e sancionar uma fase transitória de desenvolvimento económico. Assim que a nacionalidade «bloqueia» o desenvolvimento económico, então deve desmoronar-se. A deliberação final da história será sem classes, sem lugar, sem tempo, internacional.

Se o Governo de uma nação puder persuadir o povo de outra a acreditar nessa doutrina, então adquire poder superior. Desvia a atenção das lealdades locais para uma causa que pretende constrangê-las e substituí-las. A causa em questão — o «socialismo internacional» — é apenas um ideal, mas também é (supõe-se) uma realidade inelutável, o resultado de forças impessoais às quais ninguém pode resistir impunemente ou por muito tempo. A doutrina não precisa de ser provada; geralmente, pode sustentar-se de forma negativa, ao acentuar as injustiças locais que geram o desejo de acreditar num ideal intemporal e sem lugar. As suas vítimas raramente se perguntarão que interesse estrangeiro resolve assim seduzi-las. Se houver um interesse em ação, parecerá ser o delas.

É bastante óbvio que desde que Lenine converteu em seu proveito o conceito de imperialismo, a política externa russa avançou por trás dessa doutrina internacionalista. Na maioria dos casos, o avanço foi em detrimento daquela associação solta de nações descrita, com base num sentido spengleriano do seu destino, como «o Ocidente».

76 Contra a corrente

Os Estados Unidos, como a principal potência entre essas nações, foi forçosamente o seu principal porta-voz. Mas, até recentemente, faltava à política externa norte-americana uma doutrina internacional conveniente, atrás da qual dissimular a busca pelo poder. Empenhando-se numa nacionalidade própria, os Estados Unidos dificilmente poderiam propor como uma ambição universal a remoção da nacionalidade alheia. Com a doutrina Monroe, a ideologia norte-americana só negativamente autorizava a interferência nos assuntos dos outros povos: era permitido auxiliar as tentativas de qualquer povo para se livrar da opressão colonial da qual os próprios Estados Unidos se libertaram recentemente. O objetivo de emancipar uma nação do poder colonial pode muitas vezes ser correto e sensato. Mas só é coerente quando a nação adquiriu uma existência separada do poder que a colonizou. Seria absurdo auxiliar os cidadãos de Shepherd's Bush numa luta pela «libertação». Shepherd's Bush não constitui, e nunca constituiu, uma entidade política e não tem consciência de si mesma como tal. Tão pouco pode erguer-se do meio do Reino Unido e declarar o seu direito histórico à autonomia, ou de qualquer outra forma mostrar a sua autoconsciência política como um facto a ser tido em consideração. A legitimidade é um artefacto elaborado, que exige constituição, costume, uso e história.

A doutrina Monroe pressupõe tal legitimidade histórica à qual prestar apoio contra aqueles que a usurpariam. Portanto, deve revelar-se um encobrimento ineficaz para a política internacional relativamente a povos cuja noção de identidade nacional é confusa, fragmentada ou inexistente. Para quê, poderão perguntar esses povos, nos estão a ajudar, quando não há uma identidade que seja naturalmente nossa? A doutrina internacionalista do marxismo fornece uma espécie de resposta, a qual esconde, durante algum tempo, os interesses dos que avançam por trás dela.

Recentemente, a política externa ocidental teve de ser tão omnipresente quanto a política externa da Rússia. Logo, teve necessidade de uma doutrina tão positiva e internacional quanto as previsões do marxismo, e também igualmente imediata no seu apelo. O presidente Jimmy Carter, ao identificar essa doutrina como a dos «direitos humanos», baseia-se simplesmente numa vertente fundamental de toda a consciência política norte-americana; por isso, é raro que os seus seguidores perguntem o que a doutrina significa. Mas é pertinente perguntar, já que disso depende o nosso destino, se essa doutrina

Terceira parte: Porque é que a esquerda nunca tem razão 77

pode pelo menos ocultar os nossos interesses daqueles contra quem precisamos de os promover.

A doutrina de que existem direitos «humanos» (ou seja, «universais») tem os seus antecedentes nas teorias medievais do direito natural, segundo as quais existem princípios de justiça que presidem sobre os assuntos dos homens independentemente das práticas locais que alcançaram o estatuto de lei. Sem poder, a autoridade é inútil, mas, ao exercer influência internacional, a Igreja promulgou a autoridade da lei natural. Direito e poder não divergiram; mais, cada um parecia provir de uma única origem divina, de modo que o primeiro não ocultava nem distorcia o segundo. Sobreveio a dúvida de saber quem aproveitava a observância do direito natural, mas tal nunca levou à rejeição da doutrina. Quando os soberanos puderam romper com Roma, foi porque tinham adquirido igrejas nacionais e um direito comum que consagrava aqueles princípios de justiça natural até então formalmente propriedade de uma Igreja internacional. Tais soberanos pareciam ser constrangidos não por um poder externo, mas pelas condições internas da sua legitimidade. E ainda assim a denominação «direito natural» era usada para denotar a autoridade que intercedia entre soberano e súbdito.

A história subsequente da «justiça natural» e dos «direitos naturais» é complexa, mas familiar. O que antes era devido como uma obrigação para com Deus passou a ser pensado como uma obrigação generalizada para com a humanidade. Mas a «humanidade» não nomeia nenhum poder soberano, só a esperança de que os homens possam viver sem um. Assim, a autoridade desses «direitos naturais» é uma autoridade descontente; quando falta poder ao direito para se substanciar, a sua lealdade começará a desaparecer. No final, apenas homens corajosos poderão apoiá-lo, num espírito de trágico autossacrifício.

Não obstante, é com base no conceito de «direitos naturais» que o atual internacionalismo norte-americano ganha as suas credenciais. «Direitos humanos» são direitos que pertencem a toda a gente, sejam quais forem os acordos locais que possam constrangê-los. Ao defender esses direitos, os Estados Unidos tentam estabelecer a sua autoridade por trás de uma doutrina que obterá o apoio de todos os cidadãos em todos os lugares sem pressupor nenhuma ordem económica específica — como o capitalismo — como pré-condição. Mas porque o poder norte-americano é hesitante, limitado pelo mesmo sentido de justiça que enforma a sua ideologia, os defensores dos «direitos humanos» não

78   Contra a corrente

terão proteção internacional. É impossível armá-los, enviar tropas em seu auxílio ou incitá-los à insurreição, como o poder marxista pode aceitavelmente fazer em nome do seu ideal internacional. Assim, a doutrina é de pouca utilidade prática contra a sua rival.

Também se pode duvidar de que a doutrina seja coerente. Talvez seja; talvez não seja. Eu não sei. Bentham descreveu-a como «absurdo sobre andas», mas a autoridade talvez não seja muito persuasiva. Às vezes, refletindo sobre tudo o que significava a «lei natural» dos escolásticos, e sobre o «sentido de justiça» que parece tão real na transgressão e tão vago na observância, penso que há verdade na doutrina. Mas então, se há direitos, também deve haver obrigações. De quem? Contra quem são reclamados esses direitos? E o que está a ser dado em troca por eles? Encontramo-nos nas profundezas da controvérsia filosófica, a tentar sustentar que existem direitos que devem ser concedidos a cada cidadão por todo o poder soberano, independentemente da história, constituição e complexidade local, e (ao que parece) independentemente de qualquer direito que o poder soberano possa reclamar em troca. Para saber se essa doutrina é coerente, teríamos de examinar novamente as questões discutidas de forma tão inconclusiva por Locke, Rousseau e Hegel: teríamos de empreender esforços de abstração que desafiaram as capacidades dos maiores filósofos, e que devem inevitavelmente fugir à compreensão do cidadão comum, mesmo que este seja tão inteligente quanto eles.

Assim, não nos devemos surpreender ao descobrir que os «direitos humanos» tendem a tornar-se um motivo para ação apenas nas mentes das pessoas que têm a consciência histórica com que entender o seu significado local. À falta dessa consciência, a doutrina é sentida apenas como uma espécie de antiautoritarismo generalizado, uma licença para o indivíduo não tomar conhecimento de obrigações para com o Estado, e atribuir legitimidade jurídica a quase qualquer gesto de rebelião. Os filhos das classes médias iranianas que foram enviados para os Estados Unidos para receber educação absorveram da ideia de «direitos humanos» apenas a capacidade de repudiar a lealdade ao poder estabelecido. A influência da sua «educação» propagou-se aos seus contemporâneos no Irão e foi facilmente incorporada em velhos hábitos de vingança. Os jovens iranianos, tendo aprendido a disfarçar a barbárie sob a dignidade ocidental de «estudante», passaram a violar os «direitos naturais» dos únicos cidadãos norte-americanos suficientemente fracos para serem suas vítimas. E não é possível discutir.

Terceira parte: Porque é que a esquerda nunca tem razão	79

A lei islâmica sempre conferiu o exercício da justiça criminal ao soberano e, portanto, dispensa com bastante facilidade uma doutrina do que é «natural», independentemente do lugar e do tempo. Não precisa de criar espaço para os «direitos humanos» que, propagados pelo liberalismo norte-americano, serviram apenas para instruir os violadores do direito nas artes da injustiça. A rebelião que tem como objetivo a vingança e não a justiça natural é um assunto local, indiferente às grandes questões metafísicas dos direitos do homem. A ideologia dos «direitos humanos» falha, e com ela a política externa que procurou avançar atrás dela.

O caso deve ser comparado ao da Europa de Leste, onde formas tradicionais de direito, que sobreviveram como costume, como memória e como realidade no renovado poder temporal da Igreja, sustentam a ideia de uma autoridade mediadora entre cidadão e soberano. A doutrina dos «direitos humanos» começa agora a referir-se a algo específico e persuasivo — não, de facto, a qualquer ideal universal, mas sim a velhos hábitos de lealdade e constituição, para os quais a história gerou respeito independente. O chamado «dissidente» na Checoslováquia não é mais universalista nos seus afetos do que o fanático iraniano. Ele procura encontrar, na constituição do seu país, uma estima por aquele processo de direito ao qual o seu sentido de identidade histórica o direciona. Se ele fala de «direitos humanos», é porque a sua lealdade está a ser exigida por um acordo que em troca promete certos privilégios, privilégios esses que podem ser entendidos nos termos da grande tradição da soberania europeia. Tais privilégios estão intimamente ligados a costumes locais complexos. Eles foram de facto oprimidos e restringidos por uma lei draconiana de sedição, e essa lei não parece ser compreendida nem por aqueles que a promulgam nem por aqueles que a aplicam. Mas os antigos privilégios persistem na memória, fazendo parte do sentido de lugar, tempo e nacionalidade, sem os quais não poderia haver fidelidade séria ao Estado checoslovaco. É esse conteúdo histórico que torna os «direitos humanos» inteligíveis e assim permite ao cidadão sentir instintivamente quando os seus direitos estão a ser negados. O que sofre nessa negação não é a liberdade «natural» do cidadão (que seria desagradável, brutal e curta)([1]), mas a liberdade

---

([1]) «Solitária, pobre, desagradável, brutal e curta» é para Thomas Hobbes, no seu poema *Leviatã* (1651), a condição natural da vida humana, uma guerra permanente de todos contra todos, antes da constituição de governo. [N. do T.]

80 Contra a corrente

mais concreta e qualificada, que é a condição da identidade nacional. A causa dos «direitos humanos», embora envolva um claro apelo à justiça, torna-se parte do patriotismo, inseparável do amor à tradição, à língua, aos costumes e à história que o internacionalismo procura dissolver. Mas, nesse caso, mais uma vez, a ideologia dos «direitos humanos» não confere legitimidade a nenhuma política externa omnipresente, sendo absorvida por lealdades que são imutavelmente locais e específicas. A nação sobrevive como o principal objeto de afeição e desespero, sem que se forme nenhuma nova lealdade para a substituir.

Muitos dos lugares onde a política externa realmente importa são caracterizados por laços civis extremamente locais (e que mal merecem o nome de nacionalidade) e extremamente atávicos, que nunca foram transcritos em constituição, soberania ou lei. É muito improvável que a doutrina dos «direitos naturais», tão evocativa do constitucionalismo ocidental e das tradições do direito romano, forneça inspiração às pessoas que procurem «emergir» da atemporalidade para a história. Mas é provável que o marxismo, que fala a linguagem do poder e não do direito, seja pelo menos compreendido por elas. Paradoxalmente, é ao tentar alcançar essa forma «superior» de atemporalidade prometida pelo marxista que muitas vezes os Africanos começam a considerar-se limitados por interesses reconhecidos local e internacionalmente. Por outras palavras, essa forma peculiar de internacionalismo pode catalisar um sentido de nacionalidade em desenvolvimento. Assim, não nos devemos surpreender se o nacionalismo dos povos emergentes se alinhar com o marxismo e não com a doutrina dos «direitos humanos». O nosso poder, tendo adotado uma ideologia que retarda o seu exercício, parece frágil junto do da Rússia. Os Russos disfarçam a política externa por trás de uma teoria que, por mais internacionalista no seu derradeiro significado, é entendida pelas suas vítimas como a aprovação de um nacionalismo nascente e que, deste modo, se torna objeto de todas as lealdades que mais importam para elas.

Em louvor do privilégio

(The Times, *1983*)

Na mente de muitos políticos trabalhistas, a principal desordem social é o privilégio, e uma vitória trabalhista, agora ou em alguma eleição futura, certamente iniciaria uma perseguição renovada àqueles que se acredita possuírem essa qualidade indescritível. O ódio ao privilégio é, acredito, a verdadeira razão do desejo de abolir a Câmara dos Lordes (a instituição mais inofensiva da Grã-Bretanha) e da hostilidade em relação às escolas particulares e à medicina privada. Que é, então, o privilégio, e por que razão ele é mau?

Existem dois tipos de privilégio: um, produto da liberdade, o outro, produto do poder. O primeiro tipo é uma consequência necessária da associação. Suponhamos que John, William e Mary têm um interesse comum em montanhismo. Os três formam um clube para comprar equipamentos e equipar expedições. A seu tempo, William passa à reforma, deixando o seu equipamento para o clube; John e Mary convidam outros membros. Naturalmente, consideram apenas aqueles que serão companheiros adequados. Assim, logo surgem condições de adesão. O clube é bem-sucedido, compra direitos para si e oferece vantagens únicas aos associados. Continua, muito depois da morte de John e Mary, como um memorial vivo da sua associação. O que antes era um vínculo de afeto mútuo tornou-se um corpo de regras, uma instituição, um sistema de privilégios. Os membros existentes procurarão limitar o número de participantes e garantir vantagens para os seus amigos e filhos. Esses pequenos sistemas de privilégio são o resultado inevitável da livre associação e só podem ser evitados pela força.

82 Contra a corrente

O segundo tipo de privilégio é uma consequência do comando. Um oficial só pode comandar as suas tropas se puder invocar um hábito de obediência, estabelecido por alguma hierarquia de poder. Tais hierarquias existem onde quer que haja liderança e governo, embora difiram amplamente no tipo de sanção que exercem. Elas são necessárias; mas também são ressentidas, e inevitavelmente serão ressentidas, a menos que sejam submetidas a um código de honra.

Uma pessoa deve comandar apenas o que é permitido pelo seu cargo. Caso contrário, ela abusa dos que estão abaixo. Quando o código de honra é escrupulosamente respeitado, pensamos no oficial como numa posição não de privilégio, mas de autoridade. Se ele abusa da sua posição, para ganho pessoal, então o seu poder torna-se uma fonte de privilégio. É esse tipo de privilégio que é mais ressentido, pois, ao contrário do primeiro tipo, ele é inerentemente injusto.

A experiência universal do «socialismo realmente existente» — o socialismo imposto onde possível pelos herdeiros de Lenine — é a abolição do primeiro tipo de privilégio e a sua substituição pelo segundo. O processo — anunciado por Lenine como o «definhamento do Estado» — poderia ser mais bem descrito como «o definhamento da sociedade». O zelo mal direcionado com que o leninismo abateu todas as instituições sociais também foi aplicado à construção do Partido Comunista — a hierarquia de comando mais aterradora que o mundo já conheceu. Cada cargo nessa hierarquia apresenta oportunidades de corrupção, e o sistema de privilégio resultante tem uma escala e âmbito que desafiam a descrição. É desdenhoso da honra e hostil à liberdade, especialmente à liberdade de associação. Aboliu completamente aqueles privilégios morais amenos que são a condição da existência civilizada. Qualquer pessoa que deseje saber o que é odioso no privilégio deve, portanto, olhar para os Estados socialistas.

Os privilégios denunciados pelo Partido Trabalhista pertencem em grande parte ao primeiro tipo. Eles resultam não de uma hierarquia de comando, mas de uma sociedade rica em instituições, baseada na associação voluntária, na caridade e no esforço de indivíduos criativos que não quiseram dominar, mas unir-se aos seus semelhantes.

Consideremos as escolas públicas. Estas foram estabelecidas por homens e mulheres caridosos que desejavam formar sociedades dedicadas à aprendizagem e à religião. As instituições resultantes não são, e nunca pretenderam ser, instituições estatais e não têm poderes coercivos. Os seus membros são escolhidos segundo critérios que evoluíram ao longo dos séculos, através de sucessivas glosas sobre as intenções originais dos fundadores, modificadas como sempre pelo instinto humano natural de fazer favores aos amigos. O privilégio subsequente é espontâneo e irreprimível. Aconteça o que acontecer com a educação «estatal», essas escolas continuarão a fornecer educação e também a produzir associações duradouras entre aqueles que as frequentaram.

Uma sociedade que permite a livre associação permite esse tipo de privilégio. Não é óbvio que tal privilégio seja prejudicial, ou até mesmo amplamente ressentido. É exclusivo, mas apenas da mesma forma que as famílias são exclusivas: ao incluírem menos do que todos. E as pessoas estão mais dispostas a aceitar a «exclusividade», agora que viram o que resulta da sua abolição, já que é evidente que as pequenas instituições voluntárias são mais capazes de fazer o que se propõem fazer do que os substitutos oferecidos (e geralmente controlados) pelo Estado.

Assim, para restringir o privilégio social, devemos restringir a liberdade de associação. Devemos seguir os passos de Lenine e erigir um sistema de controlo que seja suficiente para abolir a propensão natural do homem para a construção de instituições. Substituímos então a associação pela coerção e os privilégios da sociedade pelos privilégios muito mais ameaçadores do Estado.

Uma homilia hominista

(The Times, *1984*)

Não há força mais dinâmica, mais progressista, mais ávida de melhorias do que a força da tolice humana. Para não o esquecer, um professor deve familiarizar-se repetidamente com livros que preferiria comer a ler. Assim, noutro dia, fechei-me com uma pilha de literatura feminista e, por algum tempo, a minha mente ficou entorpecida pelo que deve ser a forma mais aborrecida de paranoia coletiva desde Mussolini. Derrotado por fim, caí numa profunda letargia e comecei a sonhar.

Parecia-me estar num clube de Londres, numa sala carregada de fumo de tabaco; à minha volta, encontravam-se cavalheiros elegantes da cidade. Haviam bebido, e as suas vozes soavam numa cacofonia alegre e rude. Porém, uma voz mais fina, mais aguda, mas mais estridente do que as demais, fez-se ouvir acima do coro. Pertencia a um jovem que usava um colar no lugar da gravata e que tentava chamar a atenção. Sem se deixar abater pela indiferença dos vizinhos, elevava a voz cada vez mais alto, até que, aproveitando um momento de acalmia, saltou da cadeira, acenou com os braços e ordenou em nome da justiça que a sala se calasse. Com um murmúrio de aquiescência, os companheiros atónitos recostaram-se às suas cadeiras.

— Homens — gritou ele —, dirijo-me a vós como membros da maior classe oprimida da história do mundo, vítimas de séculos de exploração. Chegou a hora de vos levantardes contra o opressor. Chegou a hora de vos livrardes da vossa soberana, a mulher. — Algumas mãos ergueram-se em protesto, mas logo se voltaram para o cálice de vinho do Porto mais próximo.

— Olhai para vós mesmos: olhai para a devastação em vós operada pela sociedade matriarcal. O vosso trabalho, os vossos talentos, as vossas energias: tudo isso vos é tirado. Por causa dela e dos seus filhos, os vossos dias devem ser sacrificados a uma labuta humilhante. Para lhe proporcionar um lar, confortos, prazeres deveis renunciar a toda a esperança de uma vida própria. De dia, pertenceis ao vosso trabalho; à noite, pertenceis a ela, regressando sempre derrotado das vossas pequenas experiências de liberdade para a prisão que ela construiu com o produto do vosso trabalho.

» Sob a ordem matriarcal, os homens são oprimidos na sua própria psicologia, sujeitos a um ciúme mais terrível do que qualquer força armada. Devem vergar os seus projetos, as suas ações e os seus pensamentos na direção que lhes é imposta pela mulher. Em cada ato, estão sujeitos à moralidade da mulher, que despreza todas as mínimas liberdades e exige obediência à lei do lar. Entre a casa onde ela vos dá ordens e o emprego ao qual vos compele, restam somente algumas pequenas frestas de liberdade, também elas ameaçadas. Os vossos almoços, as vossas pausas, as vossas viagens de negócios, tudo isso é vigiado de perto. Em todas as vossas reuniões e conversas, estais expostos às interrupções dela, ao seu egoísmo e ao seu abuso dominador. Ela chegou a perseguir-vos até à porta do vosso clube, e agora bate nela, reivindicando direitos de membro! — Ergueu-se um protesto fraco, e o orador inclinou-se para a frente com um olhar mais intenso. Contudo, estranhamente, quanto mais intensamente ele o fitava, menos interesse o seu público parecia mostrar pelo que ele dizia.

— Não vos deixeis enganar — continuou ele. — Não penseis que a nossa escravidão é unicamente externa, uma mera questão de instituições injustas e leis injustas, que nos forçam a assumir o ónus da manutenção dela. Não, há outra escravidão, uma escravidão interior, preparada para nós no encontro mais íntimo com a nossa inimiga, que recusa os seus favores até que ofereçamos o «compromisso» que ela exige.

» De todos, este é o domínio mais sinistro. Só à custa da liberdade podemos obter alívio sexual. Para nós, o prazer é também o sacrifício supremo. Somos o meio para satisfazer o desejo sexual dela: um desejo tão voraz que exige uma vida de servidão sexual. Para a mulher, o homem não passa de um objeto sexual, cujas próprias necessidades modestas são impiedosamente exterminadas em obediência aos seus imperativos mais vastos.

» Que fazer? A resposta, creio, é clara. Devemos fundar um verdadeiro movimento hominista. Os homens devem organizar-se como uma classe, para efetuar uma mudança na estrutura básica da sociedade humana. Devemos abolir os meios pelos quais a ordem matriarcal se reproduz incessantemente. Devemos abolir a maternidade. Os bebés delas que sejam produzidos em tubos de ensaio e criados em aviários. Deixá-las trabalhar como nós e sofrer com o peso da dependência. Que todo o fardo seja partilhado.

» Deve haver também uma revolução cultural, o derrube das ilusões que nos governam. Temos de combater a ideologia da família, a ideologia do compromisso e do casamento, a ideologia do privilégio feminino e da subordinação masculina, a ideologia que atribui todo o trabalho a nós, e todo o lazer ao nosso inimigo...

O público começava a esmorecer. Um cavalheiro já havia tombado para a frente, com a cabeça apoiada na mesa. No entanto, tinha o orador começado a anunciar o derrube do sistema capitalista na emancipação final da humanidade, quando o cavalheiro que passava pelas brasas acordou repentinamente, gritando:

— Sabem que mais? Ele faz-me lembrar a minha patroa!

Com essas palavras acordei também, e voltei à página que me havia derrotado. A esta, descobri, pedira o meu sonho emprestado o seu tom e a sua linguagem.

In loco parentis

(The Times, *1985*)

Há pouco tempo, ouvi uma maria-vai-com-as-outras de sensibilidade liberal defender a opinião de que os professores não deveriam fazer greve. Os professores, argumentou ela, têm o direito de fazer greve, mas é um direito que não devem exercer, pois ao fazê-lo prejudicam os inocentes que foram colocados sob a sua responsabilidade. O mesmo argumento vale para enfermeiros, médicos e membros de profissões semelhantes, que são obrigados a permanecer no trabalho em prol daqueles que o Estado, na sua sabedoria, depositou à sua confiança. Não sei o que é mais repreensível: a visão de que há um «direito» à greve ou a visão de que aqueles que cuidam diretamente dos dependentes do Estado têm algum dever especial de não exercer esse «direito». Mas parece-me que professores e enfermeiros têm o mesmo direito de fazer greve do que outra pessoa qualquer. O facto de não o fazerem é testemunho apenas da consciência engendrada pelos seus profissionais.

Uma greve é uma conspiração para frustrar os objetivos de um contrato e, assim, coagir uma das partes. Às vezes, pode ser justificável fazer greve; mas não sei como tal coisa poderia ser um *direito*. Todo o direito cria uma obrigação vinculativa de o respeitar. Se houver a obrigação de respeitar o «direito à greve», nenhum contrato de trabalho poderá ser feito com sinceridade, pois nenhum dos lados estaria comprometido com os seus termos. No entanto, o contrato de trabalho é a pedra angular de uma economia livre, e pô-lo de lado tão facilmente é ameaçar todos os direitos de que realmente desfrutamos. Só numa economia escravista existe um direito à greve, mas a economia escravista caracteriza-se por as greves serem ilegalizadas.

Porém, os professores podem ter justificação para a greve, já que mais nenhuma atitude pode garantir uma recompensa adequada aos seus serviços. O Estado obriga todas as crianças a frequentarem a escola, mesmo aquelas que não têm interesse em a frequentar. Em tais circunstâncias, o trabalho de um professor não pode ser fácil. Quem tiver estado à frente de uma turma de crianças durante seis horas por dia, cinco dias por semana, esforçando-se tanto para as controlar quanto para manter o seu interesse, sabe que esse é um trabalho exigente e perturbador. Num mundo ideal, o professor receberia um salário proporcional às demais profissões e um estatuto social igual a estas. Contudo, nesse mundo, o professor não seria um servidor do Estado. Nem as crianças seriam obrigadas, independentemente dos seus interesses, a frequentar as suas aulas.

A liberal sentimental acredita que os professores, como as enfermeiras, têm uma responsabilidade especial para com aqueles ao seu cargo. Porquê? Os pais são obrigados a educar os seus filhos e, para a maioria das pessoas, isso significa mandá-los para uma escola estatal. Por conseguinte, surge a ilusão de que as crianças são realmente responsabilidade do Estado. O professor, sendo o servidor do Estado que exerce essa responsabilidade, parece carregar o fardo dela.

Na realidade, as pessoas têm responsabilidades terríveis — para com os seus pais, os seus filhos e aqueles que estão doentes e necessitados — e essas responsabilidades são difíceis de cumprir. Por isso, o Estado oferece um serviço que nos alivia de um fardo. Daí, surge a superstição de que o Estado tem o dever que o indivíduo achou tão penoso. Finalmente, porque o Estado é uma coisa demasiado abstrata para suportar o peso do nosso ressentimento, o ónus é transferido do Estado para os seus agentes: para a enfermeira ou para o professor que, ao cumprir o seu contrato, também cumpre o dever que é realmente nosso. Quando o servidor está farto — quando também ele diz que só pode continuar a carregar esse fardo se for devidamente recompensado —, dizem-lhe que tem uma responsabilidade especial para com aqueles ao seu cargo. Pela lógica perversa do Estado-providência, o professor torna-se pai de filhos que não são seus, e a caridade da enfermeira torna-se um dever de cuidado imprescritível.

Na verdade, parece-me que nem o professor nem a enfermeira têm uma responsabilidade especial. Se duas pessoas trazem uma criança ao mundo, então é o seu dever cuidar dela. Se o Estado lhe fornece uma educação, os pais recebem um privilégio. No entanto, quando os

Terceira parte: Porque é que a esquerda nunca tem razão 89

professores retiram o seu trabalho, o privilégio expira, e os pais devem arcar com todo o peso de uma responsabilidade que é, de qualquer modo, total e imutavelmente deles. Se têm de deixar de trabalhar para cuidar dos seus filhos, é isso que devem fazer. Se é uma coisa difícil de fazer, é porque a vida é dura. Mas aqueles que têm filhos devem esperar, ocasionalmente, pagar por essa aflição humana tão reconfortante.

Se é difícil para os pais sentirem esse dever, é também porque o próprio Estado o enfraqueceu. Ao tornar a educação obrigatória, o Estado impôs uma obrigação que a maioria dos pais não poderia cumprir sem ajuda; e, ao obrigar os pais a separarem-se dos filhos, na maior parte do dia, o Estado alimenta a ilusão de que eles não têm responsabilidade real pelos seus filhos.

Os professores sofreram uma queda na posição social, em parte porque agora são vistos como cuidadores obrigatórios para um Estado que se recusa a reconhecer o direito dos pais de criar os seus filhos, e para os pais que se recusam a reconhecer que têm não apenas o direito, mas também o dever de o fazer. Portanto, os professores foram os que mais sofreram com a nossa mudança de atitude em relação às crianças. Já ninguém sabe quem tem a responsabilidade por esses estranhos que sobrecarregam o mundo com o seu desamparo. As crianças chegam até nós já marcadas pelas reivindicações do Estado, e nós somos tentados pela superstição de que o Estado realmente tem os direitos e deveres que tão impertinentemente assume para com elas. Renunciamos interiormente ao direito de cuidar dos nossos filhos e, como o Estado oferece educação, a maioria das pessoas aceita o suborno de bom grado. Afinal, é precisa muita educação para perceber que a educação não é assim tão importante.

Retificar esta situação será um processo longo e difícil. Mas o processo poderia começar, desde que os professores fizessem greve por um ano ou mais, e desde que o resto de nós se revoltasse contra a lei que nos obriga a pôr os nossos filhos sob os seus cuidados.

McCarthy tinha razão quanto à ameaça vermelha

(Los Angeles Times, 1990)

O Natal é a época da boa vontade, a época em que os inimigos são perdoados e os amigos restaurados. É também um tempo de «reabilitação», em que os excluídos regressam ao rebanho, para serem acolhidos de volta à sociedade humana.

Em toda a Europa de Leste, o processo de reabilitação está a ganhar força: aqueles que foram presos injustamente pelos comunistas estão a ser indemnizados; aqueles que perderam os seus bens estão a recuperá--los; os que sofreram pela sua oposição são abençoados com influência e poder. Pessoas que durante anos foram difamadas como «agentes do imperialismo», «inimigos do povo» e «conspiradores fascistas» são coroadas hoje com grinaldas de heróis, e poucas almas nos antigos «países socialistas» levam a mal o seu triunfo.

No entanto, a caridade começa em casa. Na longa e dura luta contra o comunismo, também somámos as nossas vítimas, cuja reabilitação é agora uma matéria da maior urgência. Penso particularmente num grande patriota norte-americano cujo nome tem sido um termo ofensivo para os intelectuais da minha geração, num nível comparável aos nomes de Adolf Hitler e José Estaline: o senador Joseph McCarthy.

Repetidas vezes, pessoas decentes tentaram descrever o que é realmente o comunismo e alertaram contra os métodos usados para o promover, tendo sido simplesmente denunciados pelo seu «macarthismo». Repetidas vezes, o senador do Wisconsin foi invocado para silenciar aqueles que apontaram cúmplices nas nossas universidades e serviços diplomáticos.

Terceira parte: Porque é que a esquerda nunca tem razão 91

Durante algum tempo, não houve pior acusação no mundo intelectual do que a do anticomunismo, nem pior lugar na hierarquia académica do que o ocupado pelos críticos do poder soviético. E aqueles que sugerissem que havia organizações — a Campanha Britânica para o Desarmamento Nuclear([1]), por exemplo — que eram dominadas por comunistas e usadas para fomentar os seus projetos destrutivos seriam ridicularizados e quase expulsos da academia.

O facto, porém, é que McCarthy tinha razão. Talvez tenha exagerado; talvez não fosse necessário apontar o dedo tão rapidamente nem em tantas direções. Mas o coitado estava exasperado; ele tinha enfrentado a maior conspiração criminosa que o mundo jamais conhecera, e encontrava-se praticamente desarmado perante o secretismo e a impostura pelos quais ela operava o seu sinistro encantamento. É claro que não sabemos a extensão total do estrago infligido pelos nossos comunistas e os seus cúmplices. Mas fazemos uma ideia bastante razoável. Por exemplo, durante a Segunda Guerra Mundial, foi graças à penetração dos serviços diplomáticos que os apoiantes do marechal Tito foram adotados pelos governos ocidentais como os legítimos governantes da Jugoslávia, e que os bravos albaneses que foram libertar o seu país foram denunciados aos comunistas. Foi a influência dos comunistas e dos seus amigos — na diplomacia, no mundo académico e no jornalismo — que levou à fácil aceitação dos governos ilegítimos da Europa de Leste após 1948, e que nos levou a fechar os olhos ao sofrimento de milhões, para lamber as botas dos seus senhores.

Penso na obra de historiadores como E. H. Carr, Christopher Hill e Eric Hobsbawm, de apologistas filosóficos como Maurice Merleau--Ponty, Jean-Paul Sartre e Louis Althusser, dos sovietólogos instalados, preparados para sacrificar a própria verdade por causa daquele precioso visto e daquelas «ligações privilegiadas» com o aparelho soviético, tão necessárias para uma carreira académica de sucesso.

Penso naqueles famigerados intelectuais de Cambridge: Harold (Kim) Philby, Guy Burgess, Donald Maclean e Anthony Blunt, cujo compromisso tenaz com uma causa que a sua pobreza moral os impedia de compreender contribuiu para a morte de milhares e a escravização de milhões. Não tinha razão o senador McCarthy ao advertir contra

---

([1]) *British Campaign for Nuclear Disarmament*. Surgida em 1957, lutava pela renúncia unilateral do Reino Unido às armas nucleares e pela abolição universal destas. Teve de início Bertrand Russell como presidente. [N. do T.]

92   Contra a corrente

essas coisas e ao criticar a corrupção moral de uma filosofia que coloca o internacionalismo utópico acima da lealdade real e compreensível ao país e às pessoas que o compõem?

Para quem queria conhecê-la, a verdade sobre o comunismo era clara desde 1917. Ela demonstra a degeneração das nossas classes intelectuais, que, de uma forma geral, com algumas, poucas, exceções corajosas, não quiseram tomar consciência dela, preferindo denegrir aqueles «anticomunistas» e macarthistas que tinham a impertinência para os relembrar. Em toda a terrível história de fraqueza e credulidade ocidentais, alguns, poucos, indivíduos se destacam pela sua disposição de sacrificar até as suas reputações, até o respeito dos seus colegas, por causa de verdades indesejáveis. E o menor deles não foi, de modo nenhum, o senador Joseph McCarthy.

Um foco de lealdade superior ao Estado

(Los Angeles Times, 1991)

Por que razão os liberais toleraram os comunistas enquanto execravam fascistas e nazis, cujo comportamento é tão semelhante? Porque é que Hannah Arendt, em *As Origens do Totalitarismo*, atribuiu toda a culpa aos nacionalistas do século XIX, e porque não reparou ela em Lenine, e menos ainda no seu mentor Karl Marx? Porque é que tantos liberais nos disseram que o comunismo da União Soviética não é «comunismo real», quando a própria sugestão de que possa haver um fascismo real, ou um nazismo real, livre da mancha moral da variedade historiadora, seria rejeitada como um branqueamento desprezível?

A resposta é que liberais e comunistas compartilham a sua crença mais querida: a crença na igualdade humana. A humanidade, supõem, é una e indivisível, com uma identidade coletiva que transcende as divisões primitivas de raça, tribo e clã. O mal supremo é a tentativa de um grupo reivindicar domínio sobre outro: e nenhum crime é mais ofensivo do que o «racismo», que divide a humanidade na sua própria essência. A partir de tais premissas, comunistas e liberais chegaram a uma conclusão comum: que as divisões nacionais são suspeitas e que os sentimentos nacionais não têm lugar na política.

Acontecimentos recentes na Europa de Leste acrescentaram um toque irónico a essa ideia. Longe de considerarem os comunistas como o seu inimigo comum e lutarem para se livrar deles para sempre, as nações do leste europeu estão a culpar-se pelas catástrofes de quatro décadas. Os Croatas culpam os Sérvios, os Eslovacos culpam os Checos, enquanto os Romenos — bem, se acreditarmos no jornal *Romana Mare*, a situação desesperada da Roménia é causada pelo «terrorismo húngaro», o «revanchismo judeu» e a «doença cigana». Ao visitar a Roménia no mês passado, não tive dúvidas de que as sementes da violência interétnica foram efetivamente plantadas. A pergunta é: por quem e com que propósito?

Não fiquei surpreendido ao saber que aqueles que clamam mais alto por uma ação vigorosa contra conspiradores judeus, terroristas húngaros e cães ciganos eram, até 1989, membros preeminentes do Partido Comunista, proponentes entusiásticos do «internacionalismo proletário» e defensores da «amizade entre os povos».

Ainda mais instrutivo é o caso da Eslováquia. O presidente da Checoslováquia, Václav Havel, desconfiado do sentimento nacionalista, recusou-se a nomear o heroico ex-dissidente Ján Čarnogurský como primeiro-ministro da Eslováquia, por medo de que Čarnogurský pudesse liderar um renascimento nacional. Em vez disso, Havel nomeou Vladimir Mečiar, uma figura pouco conhecida que ganhara preeminência durante a revolução, declarando em voz alta a sua fidelidade aos princípios federais e democráticos.

Em poucos meses, Mečiar já usava todos os artifícios da demagogia para pôr os Eslovacos contra os Checos e persuadir aqueles de que uma versão do nacional-socialismo é a verdadeira resposta para os seus problemas drásticos. No entanto, ninguém que conheça a Europa de Leste se surpreenderia ao saber que Mečiar foi, até à revolução de 1989, um membro e ativista secreto do Partido Comunista, treinado em Moscovo pelo KGB. Felizmente, a Assembleia Nacional Eslovaca percebeu o perigo a tempo, depôs Mečiar e nomeou Čarnogurský para o seu lugar.

Devemos ver esses estranhos eventos no seu contexto histórico. Todas as formas naturais de vida social — instituições, igrejas, clubes e empresas — foram oprimidas ou abolidas pelos comunistas. A política e a lei deram lugar a substituições simuladas, e a cultura foi levada à clandestinidade.

Por isso, não é de surpreender que as pessoas se agarrem aos seus sentimentos nacionais, porque esses eram a única forma de pertença que os comunistas não tinham conseguido extinguir.

A resposta não é declarar guerra ao sentimento nacional nem o desprezar com arrogante desdém liberal. A resposta é encontrar um foco de lealdade que seja superior à nação. Devemos procurar uma instituição que ocupe um lugar no coração do cidadão comum, mantendo-se acima e além do tumulto da política, um tribunal da relação ao qual todas as fações, todos os grupos étnicos e todas as confissões religiosas

Terceira parte: Porque é que a esquerda nunca tem razão   95

se possam dirigir. Na verdade, era assim a Coroa Imperial. Foi isto que criou a paz na Europa Central, e foi a sua perda que precipitou 70 anos de conflito no continente.

No entanto, infelizmente, os monarcas também são ridicularizados pelos liberais. A paz e a estabilidade só poderão voltar à Europa de Leste quando as superstições dos liberais tiverem deixado de ser eficazes na política. Portanto, suspeito de que a humanidade deve passar por muitos mais anos de sofrimento antes de chegar ao feliz dia em que um imperador da Hungria seja novamente coroado em Bratislava.

A arte de se ofender

(The Spectator, *2018)*

A emergente cultura da caça às bruxas seria objeto de um desprezo algo divertido, se ainda estivéssemos protegidos, como estávamos até recentemente, pela robusta lei da difamação. Ainda é possível rir de todo esse absurdo se ficarmos sentados em casa, evitando o contacto com gente ignorante e maliciosa e prosseguindo com a vida real — a vida além das redes sociais. Contudo, infelizmente, as pessoas ignorantes e maliciosas descobriram uma nova arma no seu incansável ataque ao resto de nós, que é a arte de se ofenderem.

Fui educado para acreditar que nunca devemos ofender-nos se o pudermos evitar; a nova cultura diz-nos que devemos sempre ofender-nos se pudermos. Existem agora especialistas na arte de se ofender, na verdade, disciplinas académicas inteiras, como «estudos de género», dedicadas a isso. Podemos não saber de antemão em que consiste a ofensa — abrir educadamente uma porta a um membro do sexo oposto? Pensar no seu sexo como «oposto»? Pensar em «sexo» em vez de «género»? Usar o pronome errado? Quem sabe? Encontrámos um novo tipo de censura predatória, um desejo de se ofender que patrulha o mundo em busca de oportunidades sem saber de antemão o que melhor alimentará o seu veneno. Tal como os puritanos do século XVII, a necessidade de humilhar e castigar precede qualquer noção concreta do porquê.

Lembro-me do caso extraordinário de Boris Johnson e da burca. Ao discutir o problema de saber se a cobertura facial completa deveria ser proibida aqui, como noutras partes da Europa, Johnson comentou com humor que uma pessoa de burca tem uma semelhança impressionante

Terceira parte: Porque é que a esquerda nunca tem razão 97

com uma caixa de correio. Ele tinha razão. Uma mulher de burca assemelha-se a uma caixa de correio, assim como um homem de gravata branca se assemelha a um pinguim ou uma mulher vestida de penas se assemelha a uma galinha.

Era óbvio para qualquer pessoa com um mínimo de intelecto que Johnson não tinha intenção de ofender. No entanto, havia vantagem política em ficar ofendido — e a ofensa foi assumida de imediato. Um lorde ridículo (uma criação de Cameron) veio dizer-nos que Boris devia ser expulso do partido; deputados e figuras públicas caíram uns sobre os outros na pressa de demonstrar o seu choque e angústia por os nossos concidadãos muçulmanos terem sido tão gravemente ofendidos; até a primeira-ministra interveio para repreender o seu ex-secretário dos Negócios Estrangeiros. A sinalização de virtude estava na ordem do dia. Uma espécie de medo histérico varreu todas as considerações importantes que Johnson estava a dispor perante os seus leitores, de modo que todos, amigos e inimigos, corriam à procura de abrigo. «Não temos culpa» foi o grito coletivo dos oportunistas e dos palermas que nos governam.

Em reação a essa loucura, pergunto-me quem é que, em matéria da burca, costuma ofender, e quem é que se esforça por não ficar ofendido. Vivemos numa sociedade cara a cara, na qual os estranhos se olham nos olhos, se dirigem diretamente uns aos outros e assumem a responsabilidade pelo que dizem. Este costume não é apenas uma moda. Está profundamente implantado em nós por uma tradição religiosa e legal milenar, pela conceção iluminista do que significa cidadania e por uma cultura literária e artística que nos diz que somos em tudo obrigados a ver o outro em termos iguais a nós mesmos. Estar cara a cara com estranhos está na raiz da nossa liberdade política.

Fui criado nessa liberdade. Não posso aceitar facilmente que as pessoas apareçam em público a esconder-me ostensivamente o seu rosto. Os Britânicos acreditam que os estranhos lidam abertamente uns com os outros e são responsáveis pela sua aparência e as suas palavras. É natural que se ofendam com aqueles que insolentemente escondem o rosto, enquanto reivindicam todos os direitos e privilégios da cidadania. Certamente, sinto-me constrangido na presença de tais pessoas e suspeito de que estejam a abusar da confiança que espontaneamente estendemos a estranhos. No entanto, uma virtude singular nos Britânicos parece-me ser que eles se esforcem por não se ofender quando estão diante de uma caixa de correio preta perguntando-se onde devem inserir a sua mensagem.

Nenhuma pessoa sensível, por mais ignorante que seja da fé muçulmana, deixaria de tirar os sapatos ao entrar numa mesquita — não porque temesse a reação dos fiéis, mas porque sabia que assim o exige o costume antigo, e que não seguir esse costume é desrespeitar um espaço sagrado. Por algum motivo, devemos esquecer esse princípio quando se trata dos nossos próprios costumes de longa data. Para nós, também existem espaços sagrados, e a praça pública é um deles: é o espaço que pertence aos outros, não a nós mesmos, e onde encontramos esses outros cara a cara. Quando encontramos aqueles que se recusam a aceitar isso, querem que pensemos que o direito de se ofender pertence inteiramente a eles, e a tendência a ofender inteiramente a nós.

Não será altura de pôr todo este assunto em perspetiva e reconhecer que devemos viver juntos em boas relações, que os muçulmanos devem aprender a rir de si mesmos, como todos nós fazemos, e que a arte de se ofender pode ser um negócio lucrativo para os especialistas, mas é uma grande perda para todos os outros?

Quarta parte:

Sugestões de infinito

De Anima

(The Times, *1985*)

Uma pergunta filosófica é aquela que não pode ser respondida definitivamente. Por conseguinte, alguns filósofos dizem que tais perguntas não podem ser feitas, já que uma pergunta sem resposta não é uma pergunta. Esse *gran rifiuto* tem uma certa dignidade, mas não mais do que isso. Pode haver respostas provisórias mesmo quando nenhuma resposta é definitiva, e já que tudo o que nos importa é provisório, porque é que a filosofia não deveria importar também? A nossa experiência testemunha a nossa necessidade de respostas filosóficas. Na moral, na religião — e agora, infelizmente, na política —, as grandes questões metafísicas impõem-se incessantemente, implorando uma resposta imediata e provisória.

Uma dessas questões — considerada pelo professor John Searle nas conferências Reith do ano passado — é a da alma (ou «mente», como a descrevem os filisteus). A alma é distinta do corpo? Se não, de onde vem o nosso sentido de obrigação, que é que o justifica e como devemos comportar-nos? Toda a vida humana contém uma resposta tácita a essas perguntas, e a vantagem da religião é que a sua resposta é alta e clara. No entanto, para muitas pessoas, uma resposta delicada e hesitante é tudo o que se pode obter, e a voz que a pronuncia é ouvida apenas ocasionalmente, nas pausas de uma vida excessivamente ocupada.

Não seria correto descrever o professor Searle como uma «voz da consciência». Pelo contrário, há algo ruidoso e brincalhão no seu argumento de que somos categoricamente distintos dos computadores e possuímos capacidades que nenhuma máquina poderia ter. Há duas razões para estar insatisfeito com o que ele diz. Uma é que ele parece

102 *Contra a corrente*

supor constantemente o que deve provar — ou seja, que uma máquina pode brincar com signos, mas somente nós podemos entendê-los.

A outra é que o seu argumento está desligado de qualquer consequência moral. Mesmo que sejamos, como ele diz, distintos de todo o intelecto artificial, porquê importarmo-nos com isso? É esse o sinal de que somos livres, de que as nossas vidas têm propósito e valor, de que a morte perdeu o seu aguilhão? Ou será apenas uma adição estranha à soma da miséria humana: que não só somos sem propósito, tal qual o resto da natureza, mas também amaldiçoados com a capacidade de saber quão sem propósito somos?

Muitas vezes, as religiões encorajaram a crença na alma como uma entidade totalmente separável do corpo que a encarna, um princípio de liberdade e valor, a derradeira residência do eu. Na moralidade e na adoração, de acordo com essa visão, a alma toma consciência da sua separação da carne e é inspirada pela visão distante do seu lar eterno.

Quase todos os filósofos modernos duvidam de que tal possa ser literalmente verdadeiro, e muitos deles também concordam com São Tomás de Aquino, de que não é de forma alguma necessário que uma pessoa religiosa acredite nisso. A alma não é separada do corpo nem verdadeiramente separável, e a promessa de eternidade não significa existência desencarnada num futuro sem fim, mas a emancipação relativamente ao tempo.

Aristóteles sugeriu que a raiva é uma fervura do sangue, mas advertiu-nos de que neste caso a palavra «é» não significa identidade. A raiva é uma fervura do sangue um pouco como uma casa são os tijolos que a compõem. De forma semelhante, a relação da alma com o corpo é como a de uma casa com os seus tijolos. A alma é um princípio de organização que rege a carne e lhe oferece um sentido. Não é mais separável da carne do que a casa dos seus tijolos, mesmo que a alma possa sobreviver à substituição gradual de cada parte do corpo.

É à alma que reagimos quando reagimos a outro, não à carne, mesmo que a alma não seja nada além de carne. Ao reagir, vemos um sentido que apenas podemos transcrever em palavras por via do maior trabalho — o da poesia, que é também o trabalho da liturgia.

Não compreendemos outra pessoa refletindo meramente sobre a sua constituição corporal, assim como não compreendemos a arquitetura estudando-a como ela seria estudada por um engenheiro. O apelo da religião reside em parte na sua capacidade de transcrever o significado da forma humana em símbolos inteligíveis. A religião visa extrair as consequências morais que a nossa forma corporal implica, mas que implica de forma demasiado discreta e demasiado hesitante para formar um obstáculo real ao crime.

Se pensarmos na alma dessa maneira, poderemos também compreender o que é perdê-la. Perdemos a nossa alma quando deixamos de encontrar a alma dos outros: quando vemos os outros eclipsados pelos seus corpos, o seu significado extinto pelas leis físicas que os impelem. Um exemplo é proporcionado pela obscenidade. Nesta, o corpo humano invade as nossas perceções, sobrecarregando-nos com a sua realidade como um dispositivo psicológico rudimentar. Vendo o corpo assim, não iluminado pelo eu individual, vemo-lo como estéril, repelente e descartável. Se nos deleitarmos com isso, já estamos perdidos.

Contudo, estão disponíveis modos mais subtis por meio dos quais se perde o sentido de prioridade da alma. Talvez o mais importante — e caracteristicamente moderno — seja através da grande ilusão cientificista segundo a qual a fonte da vida humana está escondida de nós: no inconsciente, nas «condições materiais» da vida económica, na nossa história, instintos ou genes. Tal ideia — associada a todas as pseudociências do homem, de Marx e Freud à sociobiologia — desliga-nos mais efetivamente do nosso propósito e realização do que qualquer superstição, visto que ela alimenta o pensamento supremo do crime: a atribuição da minha vida e ações a algo que não sou eu, e pelo qual não posso responder.

Uma questão de vida e imortalidade

(The Daily Telegraph, *2001*)

A criação de *ANDi*, um macaco reso com um gene externo de uma alforreca, por uma equipa de cientistas do Oregon, aproxima-nos um pouco mais do *Admirável Mundo Novo*, de Aldous Huxley, no qual os próprios seres humanos são fabricados de acordo com os requisitos estabelecidos pelos seus governantes benevolentes.

Curiosamente, as únicas reclamações até agora registadas contra a produção de um macaco geneticamente modificado vieram de ativistas do bem-estar animal. Ninguém parece ter feito um aviso contra as novas possibilidades de abuso de seres humanos que se abrem por meio desse tratamento inconcebível de um parente tão próximo. Como ficou demonstrado pela decisão do Parlamento no mês passado, de permitir a investigação com células de embriões humanos, pouco resta agora da velha ideia de que a vida e a sua génese são coisas sagradas, nas quais interferimos por nossa conta e risco. A piedade e a humildade que outrora era natural sentir diante da realidade da criação deram lugar a uma exploração cínica da vida, seja animal ou humana, para os propósitos dos seus depositários atuais.

Os envolvidos na produção do macaco GM desculparam-se nos mesmos termos daqueles que realizam pesquisas com embriões humanos. As suas experiências, dizem-nos eles, podem levar a uma cura para as doenças da velhice, como a doença de Alzheimer. A ideia de que pode haver algo inerentemente errado no que eles estão a fazer é inexprimível em qualquer vocabulário que reconheçam. Talvez seja injusto fazer a comparação com o Dr. Mengele de Auschwitz; mas é seguramente verdade que a nova geração de investigadores médicos procede como se

Quarta parte: Sugestões de infinito 105

qualquer referência a absolutos morais, à santidade da vida ou ao custo espiritual de interferir nas suas origens fosse apenas a sobrevivência pitoresca de uma visão desacreditada da condição humana. Como em muitas áreas, o cálculo de custo/benefício substituiu a moralidade, e os custos reais, porque recaem sobre criaturas ainda não nascidas, são desconsiderados.

A advertência da Bíblia contra este tipo de presunção foi reformulada na lenda medieval tardia de Fausto, e ganhou a sua forma mais burilada com Goethe. O pacto de Fausto com o Diabo traz enormes benefícios presentes, mas estes só podem ser medidos nos limites deste mundo, enquanto os custos são de outro mundo. Os nossos cientistas modernos parecem ter pouca noção daquele grande silêncio negro que sobrevirá quando o nosso conhecimento finalmente nos destruir. Mas não há dúvida de que estamos a mover-nos numa direção que nos deveria alarmar, e que a lenda de Fausto é tão relevante para nós quanto foi para pensadores do iluminismo como Goethe.

Com a conquista de cada doença surge outra, reservada para uma época ainda posterior. E para combater essas doenças novas e não naturais, pilhamos a vida em nosso redor — não apenas a vida animal, mas também a vida dos seres humanos mais jovens e indefesos, que são desmembrados para os nossos propósitos e depois despejados na sanita. Tenho a horrível visão de um futuro em que não há mais jovens, exceto aqueles fabricados pelos geriatras biónicos que tudo controlam e que gastam todos os recursos da Terra, inclusive os que pertencem por direito às gerações futuras, para permanecerem além do seu prazo natural num planeta cujos bens dedicam inteiramente a si mesmos.

O envelhecimento físico foi superado: graças ao *Viagra*, os velhotes sem amor do futuro brincam como adolescentes, mas com paixão cada vez menor. A senilidade e a doença foram afastadas do horizonte e — como o planeta agora está apinhado de residentes permanentes — as formas normais de reprodução foram ilegalizadas, como na visão distópica de Huxley. A aprovação oficial é necessária para a criação de novos seres humanos; e a maioria deles são produzidos como peças sobressalentes para a gerontocracia. O resultado não é um mundo de eterna juventude, mas um mundo de cansaço permanente: o triunfo do corpo e a perda da alma. É esta agora a tendência da investigação médica.

Só a arte pode permitir-nos imaginar o estado espiritual desses futuros seres que não envelhecem e que encaram toda a vida circundante apenas como um meio para a sua própria sobrevivência. E acontece existir uma grande obra de arte que aborda este tema e que nos diz pela música qual será o preço espiritual: a ópera *O Caso Makropulos*, de Janáček. A protagonista desta obra, Emilia Marty, sobreviveu durante três séculos graças a um elixir que confere os vestígios exteriores da juventude. Ela viveu muito para lá da sua capacidade de amar, temer, ter esperança ou desfrutar de qualquer emoção humana calorosa. A inutilidade da sua vida é transparente. Mas esta recupera o seu valor no momento final, quando Emilia percebe a sua futilidade e opta corajosamente por morrer.

Emilia Marty demorou 300 anos para reconhecer o que dantes era conhecido por todos: para valorizar a vida devemos aceitar a nossa morte. A investigação médica, do tipo que nos levou ao *ANDi*, anula o seu verdadeiro propósito: prolonga a vida negando o valor da vida.

Dawkins está errado quanto a Deus

(The Spectator, 2006)

Diante do espetáculo das crueldades perpetradas em nome da fé, Voltaire ficou famoso por gritar: «*Écrasez l'infâme!*» Dezenas de pensadores esclarecidos seguiram-no, declarando que a religião organizada é inimiga da humanidade, a força que separa o crente do infiel e, assim, excita e autoriza o homicídio. Richard Dawkins, cuja série televisiva *The Root of All Evil?* termina na próxima segunda-feira, é o exemplo vivo mais influente desta tradição. E ele embelezou-a com uma teoria impressionante da sua autoria — a teoria do «meme» religioso. Um meme é uma entidade mental que coloniza o cérebro das pessoas, assim como um vírus coloniza uma célula. O meme explora o seu hospedeiro para se reproduzir, espalhando-se de cérebro em cérebro como a meningite, e matando os poderes concorrentes do argumento racional. Assim como os genes e as espécies, os memes são indivíduos darwinianos, cujo sucesso ou fracasso depende da sua capacidade de encontrar o nicho ecológico que possibilita a reprodução. Essa é a natureza do «óleo de gerin»[1], como Dawkins descreve desdenhosamente a religião.

Esse prolongamento analógico da teoria da reprodução biológica tem uma qualidade surpreendente. Parece explicar o extraordinário poder de sobrevivência do disparate e o constante «sono da razão» que, na gravura de Goya, «evoca monstros». Diante de uma página de Derrida, e sabendo que essa parvoíce está a ser lida e reproduzida em mil *campus* norte-americanos, muitas vezes me vi tentado pela teoria

---

[1] *Gerin oil*, no original, anagrama de *religion*: droga fictícia que serve ao argumento de Dawkins. [N. do T.]

108   Contra a corrente

do meme. A página na minha mão é claramente o produto de um cérebro doente, e a doença é maciçamente infecciosa: Derrida admitiu-o quando se referiu ao «vírus desconstrutivo».

Mesmo assim, não me convence inteiramente esse prolongamento por analogia da genética. A teoria de que as ideias têm uma inclinação para se propagarem apropriando-se da energia dos cérebros que as abrigam lembra o especialista médico de Molière (no *Doente Imaginário*) que explicava o facto de o ópio induzir o sono referindo-se à sua *virtus dormitiva* (capacidade de causar sono). Tal só começa a parecer uma explicação quando relemos na suposta causa as características distintivas do efeito, ao imaginarmos ideias como entidades cuja existência depende, como os genes e as espécies, da reprodução.

No entanto, concedamos a Dawkins a sua tentativa de uma teoria. Devemos ainda lembrar que nem todos os organismos dependentes destroem o seu hospedeiro. Além dos parasitas, existem simbiontes e mutualistas — invasores que não dificultam, ou que na verdade até ampliam, as hipóteses reprodutivas dos seus hospedeiros. E que é a religião? Porque sobreviveu a religião, se não trouxe nenhum benefício aos seus adeptos? E o que acontece com as sociedades que foram vacinadas contra a infeção — a sociedade soviética, por exemplo, ou a Alemanha nazi? Experimentam um ganho no potencial reprodutivo? Claramente, são necessárias muito mais investigações se quisermos estabelecer-nos firmemente do lado da vacinação maciça, em vez de (a opção que prefiro) apoiarmos a religião, que parece mais apropriada para moderar os nossos instintos beligerantes e que, ao fazê-lo, nos pede que perdoemos àqueles que nos ofendem e que humildemente expiemos as nossas faltas.

Portanto, existem memes maus e memes bons. Consideremos a matemática. Esta propaga-se pelos cérebros humanos porque é verdadeira; as pessoas inteiramente desprovidas de matemática — que não sabem contar, subtrair ou multiplicar — não têm filhos, pela simples razão de que cometem erros fatais antes de lá chegarem. A matemática é uma verdadeira mutualista. É claro que o mesmo não acontece com a matemática má; mas a matemática má não sobrevive, precisamente porque destrói os cérebros em que se instala.

Nesse ponto, talvez a religião seja como a matemática: que a sua sobrevivência tenha algo que ver com a sua verdade. É claro que não é a verdade literal, ou toda a verdade. Com efeito, a verdade de uma religião está menos no que é revelado nas suas doutrinas do que no que está oculto nos seus mistérios. As religiões não revelam diretamente o seu significado, porque não podem fazê-lo; o seu significado deve ser obtido pela adoração e pela oração, e por uma vida de obediência silenciosa. No entanto, as verdades ocultas ainda são verdades; e talvez possamos ser guiados por elas apenas se estiverem ocultas, assim como somos guiados pelo Sol apenas se não olharmos para ele. O encontro direto com a verdade religiosa seria como o encontro de Sémele com Zeus, uma repentina conflagração.

Para Dawkins, essa ideia de uma verdade puramente religiosa é disparatada. Os mistérios da religião, dirá ele, existem para proibir todo o questionamento, dando assim à religião uma vantagem sobre a ciência na luta pela sobrevivência. Mas porque é que há tantas religiões em competição, se estão a competir pela verdade? As religiões falsas não deveriam ter caído no esquecimento, como as teorias refutadas na ciência? E como é que a religião melhora o espírito humano, quando parece autorizar os crimes agora cometidos todos os dias pelos isla-mistas, e que por sua vez não são mais que uma sombra dos crimes espalhados na Europa pela Guerra dos Trinta Anos?

Essas são grandes perguntas, que não devem ser respondidas por um programa televisivo, por isso, aqui ficam, em linhas gerais, as minhas respostas. As religiões sobrevivem e florescem, porque são uma chamada à filiação — elas fornecem costumes, crenças e rituais que unem as gerações num modo de vida comum e implantam as sementes do respeito mútuo. Como todas as formas de vida social, inflamam-se nas bordas, onde competem por território com outras religiões. Porém, culpar a religião pelas guerras conduzidas em seu nome é como culpar o amor pela Guerra de Troia. Todos os motivos humanos, mesmo os mais nobres, alimentarão as chamas do conflito quando subordinados ao «imperativo territorial» — Darwin também nos ensina isto, e Dawkins decerto terá reparado. Tire-se a religião, como fizeram os nazis e os comunistas, e nada faremos para suprimir a busca do *Lebensraum*. Removemos simplesmente a principal fonte de misericórdia no coração humano comum e assim tornaremos a guerra impiedosa; o ateísmo encontrou a sua prova em Estalinegrado.

Há uma tendência, alimentada pelo sensacionalismo da televisão, de julgar todas as instituições humanas pelo seu comportamento em tempos de conflito. A religião, como o patriotismo, é malvista entre aqueles para quem a guerra é a única realidade humana, a única oca-sião em que o Outro em todos nós é percetível. Mas o verdadeiro teste de uma instituição humana é em tempos de paz. A paz é aborrecida, quotidiana e também gera péssima televisão. Mas podemos aprender isso nos livros. Aqueles que foram criados na fé cristã sabem que a capacidade do cristianismo de manter a paz no mundo à nossa volta reflete a sua dádiva de paz para o mundo interior. Numa sociedade cristã não há necessidade de ASBO[1] e, no mundo depois da religião, essas ASBO não servirão de nada — elas são uma última tentativa desesperada para nos salvar dos efeitos da impiedade, e a tentativa está condenada.

---

[1] *Antisocial behaviour order* [ordem de comportamento antissocial]: injunção emitida pelo tribunal no Reino Unido, para restringir o comportamento ou ações de um réu. Foi substituída por três categorias de injunção, com exceção da Escócia, onde ainda se encontra em vigor. [N. do T.]

Altruísmo e egoísmo

(The American Spectator, 2007)

O primeiro conselho moral que os pais costumavam dar aos filhos estava contido na Regra de Ouro: Como quereis que vos façam, assim fazei também. Os pais cristãos apoiavam-na com a parábola do Bom Samaritano, os pais judeus com o mandamento de «amar o próximo como a si mesmo», os pais iluminados com a sua própria versão do Imperativo Categórico. Tudo parecia muito simples. Afinal, do que trata a moralidade, se não de conviver com os outros? E como podemos viver com os outros se não os tratamos como iguais?

Duas influências poderosas perturbaram esse antigo equilíbrio. O primeiro é o evangelho do egoísmo, pregado por Ayn Rand. Não deem ouvidos a essa verborreia socialista, disse-nos Rand. É apenas um estratagema do parasita, para cercear a liberdade dos heróis e apreender os seus bens. A mistura impetuosa de Rand, de economia de mercado livre e desafio nietzscheano, provou-se inebriante para uma geração que lutava para chegar a um acordo com o *New Deal* e o crescimento do Estado-providência. Ao anunciar «a virtude do egoísmo», ela lembrou aos seus leitores de que a criação vem antes da distribuição e que a criação precisa de um motivo. E que motivo levará as pessoas a assumir os riscos exigidos pela criação de riqueza, além do interesse próprio?

Amalgamando a «mão invisível» de Adam Smith com a condenação de Nietzsche à «moralidade escrava», Rand forneceu aos potenciais empreendedores de meados do século xx a coragem de dizer «saiam-me de cima». Sendo egoísta, argumentou ela, desfruto da minha liberdade e amplio o meu poder — criando assim pelo menos uma pessoa atraente

112 Contra a corrente

no mar de gente de segunda classe. Mas também ofereço trabalho e recompensa aos outros, ajudando os que me rodeiam a serem egoístas e, portanto, bem-sucedidos. Por ser altruísta, desperdiço simplesmente as minhas energias em pessoas inúteis; e quando o Estado é altruísta em meu nome, apreendendo os meus bens e distribuindo-os pelas suas fileiras sempre maiores de dependentes, então a liberdade, a criatividade e a riqueza ficam todas em risco, e a futilidade impera.

Rand era um intelecto tremendo, em todos os sentidos da palavra «tremendo». Ela disparava as suas ideias como mísseis contra todas as fortalezas de opinião, ideias defendidas por personagens intensas e provadas por dramas envolventes. Os seus romances e ensaios podem não ser a mais elevada literatura, mas agarram o leitor pela garganta e desafiam-no a dizê-lo. E, quando a voz da consciência fala por fim, questionando se é mesmo o egoísmo que é necessário para uma economia livre ou se não há outras vertentes da vida humana, outras coisas por que lutar, outras fontes de satisfação além da satisfação do *eu*, vem a resposta: claro, é exatamente isso que estou a dizer! Quando um pai trabalha para sustentar os seus filhos; quando uma mulher gasta o seu dinheiro com alguém que ama; até quando um homem dá a sua vida pelo seu amigo — tudo isso é egoísmo, fazer o que se *quer* fazer, porque se tem o *motivo* para o fazer, porque é *isso que o eu exige*. O oposto do egoísmo não é o amor imparcial, mas o tipo de trabalho escravo que o Estado exige, para ser «altruísta» com o excedente. Uma economia baseada no egoísmo é aquela em que as pessoas também *dão*; uma economia altruísta é aquela em que elas meramente *roubam*.

Não surpreende se, depois de uma dose abundante de Rand, as pessoas acabarem sem saber se o egoísmo é uma coisa boa ou má, ou exatamente como nos devemos comportar para o procurar ou o evitar. As coisas pioraram com a teoria biológica do «altruísmo», definido como um ato pelo qual um organismo beneficia outro à custa de si mesmo. Nesta definição, a leoa que morre em defesa dos seus filhotes é altruísta. É-o também a formiga-soldado que marcha por instinto contra o fogo que invade o formigueiro, ou o morcego que distribui a sua colheita pelo ninho. Os geneticistas têm-se preocupado em como conciliar o «altruísmo» com a teoria do gene egoísta, mas, quanto a nós, deveríamos preocupar-nos um pouco mais com o uso desse termo para agrupar tantos fenómenos díspares. Será realmente verdade que o oficial que se atira sobre uma granada espoletada em defesa dos seus homens está a obedecer ao mesmo imperativo biológico da

Quarta parte: Sugestões de infinito 113

formiga-soldado que marcha para a morte no fogo? E, se sim, haverá algo realmente louvável na ação do oficial?

Juntos, o elogio randiano ao egoísmo e o desmascaramento do altruísmo pelo biólogo parecem minar aquelas velhas máximas pelas quais os nossos pais nos criaram. O motivo moral fica a parecer equivocado ou trivial: ou algo a evitar, pois impede a nossa criatividade, ou algo inevitável, pois está implantado nos nossos genes, assim como está implantado nos genes do urso, do bútio e do escaravelho. A ideia de que o motivo moral é algo a ser *adquirido*, aprendido por via do hábito do sacrifício pessoal, parece não ter lugar no pensamento moderno, e não surpreende, portanto, que o motivo moral tenha tão pouco lugar na vida moderna.

Não que os nossos pais fossem inteiramente inocentes nesta questão. O meu próprio pai não era muito claro sobre a distinção entre cuidar dos outros e cuidar de si mesmo. Quando protestei que estava a cumprir o meu dever de passear o cão, logo, poderia ser dispensado de lavar a louça, ele replicou: «Mas tu gostas de passear o cão; por isso, não conta!» Como muitas pessoas criadas nas rotinas sombrias do protestantismo setentrional, ele acreditava que nenhuma ação poderia ser verdadeiramente obediente se não a abordássemos com os dentes cerrados, e que o prazer era um sinal de egoísmo. As suas opiniões socialistas vinham da mesma fonte: não um desejo de justiça, mas um ressentimento pelo sucesso. O meu pai era uma dessas pessoas — e a sociedade britânica está tão cheia delas agora como estava então — que fazem Ayn Rand parecer plausível. E talvez tenha sido porque me revoltei prematuramente contra o seu ponto de vista que nunca fui persuadido por Rand.

Pela descrição de Cristo, não será óbvio que o Bom Samaritano gostou de ajudar o homem que caiu nas mãos de ladrões, que ele se desviou do seu caminho, cheio de boa vontade e pelo puro prazer de dar, para erguer o homem? E não será provável que o sacerdote e o levita não sentissem nenhum prazer quando passavam do outro lado, e talvez até o tenham feito com um estremecimento de autoaversão? Aprender a amar o próximo como a si mesmo é aprender a ter prazer nas coisas que lhe agradam, como uma mãe tem prazer nos prazeres do seu filho. Chamar a isso «egoísmo» é maltratar a linguagem. Um ato egoísta é aquele dirigido ao eu; um ato altruísta é aquele dirigido a outros. E a pessoa verdadeiramente altruísta é aquela que *deseja* realizar atos altruístas, que *tem prazer* em dar e que *aprecia* a perspetiva do sucesso do outro. Isso não é, como Rand quer que acreditemos, apenas mais uma forma de egoísmo. É um motivo totalmente superior, em que o outro substituiu o eu como objeto de preocupação.

Além disso, é um motivo sobre o qual os animais nada sabem. A formiga e a abelha podem obedecer ao imperativo genético que as leva à morte contra o intruso, mas não têm a menor ideia de que o fazem por causa do formigueiro ou da colmeia. Nem mesmo a leoa, que luta até à morte pelos seus filhotes, sabe que é por causa *deles* que o faz, ou que lhes está a fazer uma dádiva da sua vida. A palavrinha «causa» é uma daquelas palavras — como «o» e «aquilo» — às quais um livro inteiro de filosofia poderia ser dedicado. Com efeito, livros inteiros de filosofia *são* dedicados a essa palavra, pois é disso que trata a filosofia moral — agir não apenas por um propósito, mas por causa de algo, seja honra, dever ou outra pessoa. Nenhum animal tem o conceito exprimido por esta palavra, ou o motivo explicado por ela, e descrever os animais como altruístas é firmar um obstáculo inabalável à compreensão do seu comportamento.

Ao contrário do oficial que se atira sobre a granada, a leoa que defende os seus filhotes não é tentada a salvar-se. Ela obedece a uma necessidade da espécie que admiramos, porque a compartilhamos, mas que também transcendemos para outro estado de espírito, do qual a leoa nada sabe. Agir para o bem dos outros, quando a tentação puxa noutra direção, é obedecer a um imperativo que vai além de todas as emoções da espécie. É fazer dádiva de si mesmo, dos próprios interesses e no limite da própria vida; e as palavras do Evangelho — que «ninguém tem maior amor do que este, de dar a vida pelo seu amigo» — descrevem o que realmente está em jogo na vida moral, a saber, o sacrifício pessoal.

Os Europeus, que são altivos em relação à cultura norte-americana, também são envergonhados pelo altruísmo desta. Depois de fazer fortuna, os Norte-americanos dedicam-se a doá-la. Esbanjam presentes para a sua escola, a sua igreja, a sua faculdade ou o seu hospital, tendo um prazer óbvio em o fazer. Os Norte-americanos também têm prazer no sucesso dos outros — uma emoção que parece ter desaparecido completamente da sociedade europeia. Claro, os Europeus são grandes pregadores do altruísmo. Mas quanto mais pregam, menos dão, uma vez que não consideram os outros como sua preocupação pessoal: é o Estado, não o indivíduo, que assumiu o dever de caridade, e, quando as coisas correm mal — como nas recentes inundações na Inglaterra —, é o Estado que deve intervir.

Quarta parte: Sugestões de infinito   115

A ideia essencial de moralidade, a ideia contida nessa palavrinha, «causa», está a desaparecer rapidamente da consciência europeia. A praça pública está repleta de uma linguagem moralizante sobre caça, tabaco, bebidas e outras formas de divertimento. Porém, quando perguntamos por causa de quem é exigido isto ou aquilo, a resposta é sempre: por ti próprio. A antiga sensibilização para a «causa», que os nossos pais consideravam o primeiro passo na educação moral, simplesmente não ocorre. Por isso, não deveríamos surpreender-nos ao descobrir que as cidades europeias estão cheias de adolescentes desorientados que pensam nas leis da moralidade como regras de interesse próprio a longo prazo, e que parecem incapazes de imaginar o que seria fazer algo por outra causa qualquer que não a sua.

Memorando para Hawking: Ainda há espaço para Deus

(The Wall Street Journal, *2010)*

Como começou o Universo? Alguns pensam que a pergunta não tem resposta — que está para lá dos limites da razão humana. Outros pensam que a pergunta tem uma resposta, mas que a resposta não depende da razão, mas da fé. O que quase ninguém acredita é que exista uma única teoria científica racional que nos diga como o Universo emergiu do nada primitivo. Como pode haver tal coisa?

Quando Isaac Newton propôs as suas leis da gravidade, fê-lo com um espírito de admiração e reverência diante da simplicidade e beleza do mundo físico. Ele não tinha dúvidas de que uma criação tão perfeita implicava um criador ainda mais perfeito.

Immanuel Kant, que acreditava que as leis da gravidade de Newton não só são verdadeiras, como necessariamente verdadeiras, argumentou que nós, humanos, não temos a capacidade de compreender o Universo como um todo e, portanto, nunca podemos conceber um argumento válido a favor de um criador. O nosso pensamento pode levar-nos de um ponto a outro ao longo da cadeia de acontecimentos. Mas não nos pode levar até um ponto fora da cadeia, a partir do qual possamos pôr o problema de uma causa original. De facto, a questão de como o Universo começou não faz sentido. O conceito de causa aplica-se aos objetos da experiência, ligando o passado ao futuro por meio de leis universais. Quando fazemos perguntas sobre o Universo como um todo, tentamos ir além da experiência possível e entrar num reino em que o conceito de causa não tem valor e onde o decreto da razão não funciona.

Todos os físicos desde Kant foram influenciados por esse argumento. Alguns admitem a ideia, como Albert Einstein. Outros, como

Stephen Hawking, exprimem-na com uma linguagem própria. Mas, agora, Hawking deseja romper com esse consenso e defender que a ciência tem realmente uma resposta para o problema das origens. Podemos saber como o Universo foi criado, sugere ele, uma vez que as leis da física implicam que existem condições limitadoras nas quais os universos nascem pelo funcionamento dessas mesmas leis. Não há espaço para o criador, pois não há necessidade Dele. As leis da física fazem tudo sozinhas.

O Sr. Hawking, é claro, deslumbra-nos com as suas descobertas científicas. Einstein rompeu com a mundividência do senso comum quando decidiu tratar o tempo como uma quarta dimensão, a par das três dimensões do espaço. O Sr. Hawking dá-nos dimensão sobre dimensão, assumindo que, como todo o *continuum* pode ser espremido nos axiomas de uma geometria, não há limite para o número de dimensões nas quais nós, humanos, nos encontramos suspensos. Tão-pouco há um limite para o número de universos, embora só habitemos um deles e os outros possam ser para sempre inacessíveis para nós.

As leis da física estão a deixar rapidamente de ser leis do Universo e estão a tornar-se leis de um «multiverso». Quando as pessoas absorverem todas essas mudanças, já pouca força terão para discordar da visão de que «as leis da gravidade e a teoria quântica permitem que os universos apareçam espontaneamente do nada», ou para questionar a conclusão de Hawking de que, portanto, não há necessidade para Deus.

Mas, que é que mudou exatamente? Será que ultrapassámos realmente a posição que Kant apresentou? Elevámo-nos realmente para fora de tudo e de todos os lugares, e alcançámos a visão a partir de lado nenhum que nos diz como as coisas começaram?

Se Hawking estiver certo, a resposta para a pergunta «Que criou o Universo?» será «As leis da física». Mas, que criou as leis da física? Como é que essas leis estranhas e poderosas, e apenas essas leis, se aplicam ao mundo?

Alguns dirão que a pergunta não tem resposta — que está nos limites ou para lá dos limites do pensamento humano. E outros dirão que a pergunta tem resposta, porém, não é respondida pela razão, mas sim pela fé. Eu digo que talvez, no final, ambas as posições sejam a mesma. Era nisso que Kant acreditava. Acabamos por descobrir os limites da compreensão científica, disse ele. E além desses limites fica o reino da moralidade, do compromisso e da confiança.

118 Contra a corrente

Kant, que destruiu todos os sistemas da metafísica e cavou uma sepultura para a teologia, também era um crente que, como dizia, «atacava as pretensões da razão para dar espaço às da fé». Parece-me que ele tinha razão.

Os humanos têm fome de sagrado: Porque é que os novos ateus não o conseguem compreender?

(The Spectator, *2014*)

O mundo tem um propósito? Os novos ateus consideram a pergunta absurda. Os propósitos surgem no curso da evolução, dizem-nos; supor que eles possam existir, antes de qualquer organismo obter uma vantagem reprodutiva por os possuir, é desaprender a lição de Darwin. Assim, com a teoria da evolução firmemente estabelecida, não há espaço na cosmovisão científica para um propósito original, logo, não há espaço para Deus.

Os ateus evangélicos de hoje vão mais longe e dizem-nos que a história demonstrou que a religião é tão tóxica que devemos fazer o nosso melhor para a extinguir. Esses autores descrevem a perda da religião como um ganho moral — embora, para a maioria dos crentes comuns, ela pareça a perda de tudo o que mais valorizam. Mas talvez os ateus tenham compreendido mal o seu alvo.

O «deus dos filósofos» — sereno, omnisciente e fora do espaço e do tempo — tem atração para aqueles que pensam abstratamente. Mas as pessoas comuns não pensam abstratamente. Elas não veem Deus como a resposta a uma questão cosmológica, visto que não têm questões cosmológicas. Mas têm a questão de como viver e, no esforço de viver com os outros, muitas vezes deparam com momentos, lugares, relacionamentos e experiências com um carácter numinoso — como que afastados deste mundo e de alguma forma julgando-o.

120 *Contra a corrente*

Daí surge outra questão, que parece muito mais próxima do cerne do que nós, no mundo ocidental, estamos a viver presentemente: que é o sagrado e porque é que as pessoas se apegam a ele? As coisas sagradas, escreveu Émile Durkheim, são «postas de lado e proibidas». Tocá-las com mãos profanas é apagar a sua aura, de modo que caiam lentamente por terra e morram. No entanto, para quem as respeita, as coisas sagradas são a «presença real» do sobrenatural, iluminada por uma luz que cintila a partir dos confins do mundo.

Como percebemos essa experiência e que é que ela nos diz? É tentador procurar uma explicação evolucionária. Afinal, as coisas sagradas parecem incluir todos aqueles acontecimentos que realmente importam para os nossos genes — apaixonar-se, o casamento, o nascimento de uma criança, a morte. O lugar sagrado é o lugar onde se fazem e renovam os votos, onde o sofrimento é abraçado e aceite, e onde a vida da tribo é dotada de um significado eterno. Os seres humanos com o benefício desse recurso devem seguramente resistir às tempestades do infortúnio muito melhor do que os individualistas de pensamento básico que competem com eles. Se olharmos de todos os ângulos para os factos, parece provável que os humanos sem um sentido do sagrado já se teriam extinguido há muito tempo. Por essa mesma razão, a esperança dos novos ateus de um mundo sem religião é provavelmente tão vã quanto a esperança de uma sociedade sem agressão ou de um mundo sem morte.

Contudo, prefiro deixar de lado as explicações evolucionárias, para considerar não o benefício que a sacralidade confere aos nossos genes, mas a transformação que efetua nas nossas perceções. Uma pessoa com sentido do sagrado pode levar uma vida consagrada, isto é, uma vida recebida e oferecida como dom. Tal sugestão está contida nas nossas relações com aqueles que nos são queridos. Há uma quantidade preciosa de poesia dedicada à palavra «tu», e ela regista a necessidade humana de se ser absorvido por outro, de o ver como se nos chamasse além do horizonte sensorial. Esta experiência não é acessível à investigação científica. Depende de conceitos, como a liberdade, a responsabilidade e o eu, que não têm lugar na linguagem da ciência. A própria ideia de «tu» foge à rede das explicações.

Os ateus rejeitam esse tipo de argumento. Dizem-nos que o «eu» é uma ilusão e que a pessoa humana «não passa» do animal humano, assim como a lei «não passa» de relações de poder social, o amor sexual «não passa» do impulso procriador e a *Mona Lisa* «não passa» de pigmentos espalhados numa tela. Livrar-se daquilo a que Mary Midgley chama «não-passismo» é, a meu ver, o verdadeiro objetivo da filosofia. E, se nos livrarmos dele ao lidar com as pequenas coisas — sexo, retratos, pessoas —, podíamos também livrar-nos dele ao lidar com as coisas grandes: principalmente, ao lidar com o mundo como um todo. E então poderemos concluir que é tão absurdo dizer que o mundo não passa de ordem natural, como a física o descreve, quanto dizer que a *Mona Lisa* não passa de um borrão de pigmentos. Tirar essa conclusão é o primeiro passo para compreender porquê e como vivemos num mundo de coisas sagradas.

Nada me fez perceber isso de forma mais nítida do que a experiência do comunismo em lugares onde não existia outro recurso contra a desumanidade circundante a não ser a vida de oração. O comunismo tornou a mundividência científica no fundamento da ordem social: as pessoas eram consideradas «nada mais» do que a massa reunida dos seus instintos e necessidades. O seu objetivo era substituir a vida social por um cálculo frio de sobrevivência, para que as pessoas vivessem como átomos em competição, numa condição de absoluta inimizade e desconfiança. Tudo o mais poria em risco o controlo do partido. Em tais circunstâncias, as pessoas viviam num mundo de segredos, onde era perigoso revelar coisas e onde cada segredo que era arrancado a outra pessoa revelava outro segredo por baixo.

Não obstante, as vítimas do comunismo tentavam conservar as coisas que lhes eram sagradas e que lhes evocavam uma vida livre e responsável. A família era sagrada; era-o também a religião, fosse esta cristã ou judaica. E também o era o armazenamento clandestino de conhecimento — o conhecimento proibido da história da nação e a sua reivindicação de lealdade. Essas eram as coisas que as pessoas não trocavam e de que não prescindiam, mesmo quando o partido exigia que fossem traídas. Eram os tesouros consagrados, escondidos sob as cidades profanadas, onde brilhavam mais luminosamente no escuro. Assim, cresceu um mundo clandestino de liberdade e verdade, onde já não era necessário, como descreveu Havel, «viver dentro da mentira».

Recentemente, reuni algumas das minhas impressões sobre aquele mundo, e o resultado é *Notes from Underground* [Apontamentos do Subterrâneo], romance ambientado na Checoslováquia em meados dos anos 1980 que explora o amor entre dois jovens que se conhecem nas catacumbas e que, na ambiência crepuscular, encontram o significado que o sistema tentara apagar. Vivemos hoje no deslumbramento da abundância e não conseguimos discernir facilmente as coisas sagradas, que brilham mais claramente na escuridão. Mas precisamos tanto do sagrado quanto os jovens da minha história. Uma maneira de o perceber é olhar para trás, para aquele lugar onde a verdade e a confiança eram crimes e o amor um desvio imprudente do cálculo rotineiro. Agora, posso observá-lo de uma posição segura, e sinto-me feliz por esses tempos de medo terem passado. No entanto, também lamento que eles estejam a desaparecer da nossa memória coletiva e que a sua lição ainda não tenha sido aprendida.

Quinta parte:
O fim da educação

A virtude da irrelevância

(The Times, *1983*)

O poder da educação é misterioso. Ele exerce-se por cumplicidade e influência, e não por coerção ou controlo. Tal poder é mais duradouro e mais popular do que a força. Por isso, os movimentos políticos tendem a posicionar-se como amigos da educação, seja ou não o seu propósito real destruí-la ou limitá-la.

Os defensores do privilégio defendem a qualidade e, portanto, os padrões; os defensores da igualdade defendem a quantidade, logo, a destruição dos padrões. Porém, no fundo, todos desconfiam da educação, que, ao tornar o privilégio acessível, tanto desafia os que estão no topo como perpetua a distinção entre o topo e a base. Cada lado visa desferir golpes secretos na educação. Alguns tentam impedir que se espalhe, enquanto outros tentam destruí-la completamente, espalhando-a de forma ténue.

Contudo, recentemente, descobriu-se uma estratégia mais eficaz. Esta consiste em tornar toda a educação «relevante». Tradicionalmente, grande parte da aprendizagem era dedicada a assuntos que são intencionalmente «irrelevantes» — como latim, grego, história antiga, matemática avançada, filosofia e crítica literária. O programa recomendado por pensadores antigos baseava-se quase inteiramente em tais assuntos. E o instinto antigo era sábio. Quanto mais irrelevante um assunto, mais duradouro é o benefício que ele confere. Os assuntos irrelevantes produzem compreensão da condição humana, ao obrigar o aluno a afastar-se dela. Eles também aumentam o apetite pela vida, ao fornecer material para reflexão e conversa.

Este é o segredo que a civilização guardou: que o poder e a influência provêm da aquisição de conhecimento inútil. A resposta é, portanto,

126   Contra a corrente

destruir o efeito da educação tornando-a relevante. Substitua-se a matemática pura pela matemática aplicada, a lógica pela programação de computadores, a arquitetura pela engenharia, a história pela sociologia: o resultado será uma nova geração de filisteus bem informados, cuja falta de encanto anulará todas as vantagens que a sua aprendizagem poderia ter conferido.

Previsivelmente, os principais objetos desse ataque foram as humanidades. Uma pessoa que conhece apenas engenharia ou microbiologia vê-se prejudicada pelo seu conhecimento, que lança pouca luz sobre a sua experiência e não leva a nenhuma nova comunicação com os seus semelhantes. Porém, uma pessoa com educação clássica ou literária habita um mundo transformado e vê significado onde outros veem factos. Ela está equipada não apenas para mudar o mundo, mas para o interpretar. Logo, interpretá-lo-á a seu favor e tornar-se-á senhora da sua condição. A tarefa principal é destruir a irrelevância majestosa que confere esse poder.

Gastou-se considerável engenho a inventar humanidades «relevantes». O problema tem sido conservar o prestígio exterior da educação, como personificação da abordagem razoável dos problemas da vida, e, ao mesmo tempo, convencer os incultos de que há uma aprendizagem direcionada a interesses que eles já têm. A resposta reside na palavra «estudos». Quando acrescentada a um prefixo que soe relevante (como *«media»* ou «comunicação», «negro» ou *«gay»*), essa palavra junta, até mesmo ao entusiasmo mais inconsistente, um ar de conhecimento superior. Não só tem razão, diz ela, em interessar-se pelos problemas dos *media*, dos negros, dos homossexuais: existe também uma maneira de converter entusiasmo em perícia.

Considere o assunto que fez mais do que outro qualquer para desacreditar a educação humana nas universidades norte-americanas: «estudos de mulheres». Como nasceu este assunto? Quando os filantropos do século XIX confrontaram a revolução industrial, «mais educação» foi o seu grito — e quando Arnold, Ruskin, Shaftesbury e Gladstone o repetiram, mais educação houve. Da mesma forma, poderíamos pensar que, quando os filólogos do século XX fazem campanha por «estudos de mulheres», estão apenas a repetir a antiga tolice dos ingleses de procurar soluções educacionais para problemas que estão além do controlo intelectual. Na verdade, porém, o apelo dos «estudos de mulheres» está justamente no seu poder de desfazer os efeitos da educação.

Não só o tema é relevante, abordando problemas sociais e políticos que o aluno sem instrução reconhecerá instantaneamente; ele também atravessa disciplinas estabelecidas, adotando e rejeitando métodos segundo imperativos sem nenhuma lógica académica. Deste modo, avança como um tanque pelas linhas inimigas e leva um enxame de estudantes crédulos atrás. É improvável, claro, que alguma pessoa educada o leve a sério, pois é impossível isolar o trabalho das mulheres de uma tradição criada em grande parte pelos homens; é impossível compreender a realidade social da condição feminina sem estudar a condição masculina; é impossível segurar a jarra da civilização contra a luz e esperar que o masculino e o feminino se separem como óleo e água.

Mas esse é precisamente o ponto. O valor de tal assunto é precisamente o de destruir a educação. Mantém a mente do aluno tão estreitamente concentrada nas suas convicções políticas aleatórias e transitórias, que, quando já não estiver obcecado por elas, faltar-lhe-á a educação para descobrir o que pôr no seu lugar.

A Universidade Aberta
e a mente fechada

(The Times, *1984*)

Como muitas pessoas cujo rádio está constantemente sintonizado na Radio 3, ouço muitas vezes a Universidade Aberta, geralmente enquanto lavo a louça. Tendo escutado o último recital e as notícias, e sonhando em silêncio na bancada da cozinha, sou subitamente perturbado por um toque de trombetas, seguido por vozes animadas e alegres que me convidam a aprender. Por qualquer razão, o tema tende a ser sociologia, que soa, se bem me lembro, a algo assim:

Locutor: Olá. Esta é a Unidade Quatro do curso básico de sociologia, e o nosso tópico desta noite é a exploração do trabalhador na sociedade capitalista. Começamos com uma breve discussão entre os nossos dois professores do curso, Dave Spart e Chris Toad, que irão apresentar pontos de vista alternativos. Começamos por Dave.

Dave: Olá. Sim. Há quem pense que a exploração do trabalhador na sociedade capitalista é um fenómeno económico, devido ao facto de que a classe capitalista *como classe* controla os meios de produção e assim obriga os trabalhadores *como classe* a trabalhar por menos valor do que produzem. Esta é a visão que eu gostaria de vos apresentar.

Chris: E eu gostaria de apresentar a visão oposta, que a exploração do trabalhador na sociedade capitalista não é principalmente económica, mas sim política, causada pelo facto de que a burguesia *como classe* controla as estruturas de poder, das quais os trabalhadores *como classe* são excluídos.

Locutor: O aluno encontrará essas duas posições explicadas na página 15 do seu comentário, onde verá que, enquanto a visão de Dave é a de Marx, a de Chris é mais próxima de Gramsci. Qual deles tem

Quinta parte: O fim da educação   129

razão? Este será o tema da próxima semana. Dave, mais uma vez vou pedir que fale primeiro.

Dave: Dado que o capitalista controla os meios de produção, que necessidade tem ele de controlar também o processo político? Porque não permitir aos trabalhadores uma espécie de ilusão de influência, dando-lhes votos, se isso serve para manter as relações capitalistas de produção? Basicamente, a democracia burguesa é apenas um mecanismo funcional. O que importa é a base económica. As verdadeiras relações sociais entre as pessoas são forjadas ao nível económico, e é aí que ocorre a exploração. Vemos isso nas relações entre homens e mulheres; também nas relações entre brancos e negros.

Chris: Mas às vezes a superstrutura impõe-se. Quero dizer, o mecanismo funcional da democracia burguesa pode tornar-se um instrumento nas mãos da classe capitalista, como na Grã-Bretanha hoje. Ao controlar a escolha de partidos, candidatos, temas e resultados, a classe capitalista pode criar a situação em que o trabalhador não tem escolha a não ser aceitar relações sociais exploradoras [...].

Confesso que acho este diálogo fascinante. Criando pequenas divergências, enquadradas numa linguagem comum, e incorporando na linguagem tudo o que é verdadeiramente questionável, pode sustentar-se quase indefinidamente uma aura de argumentação racional, mesmo que não se faça uma única pergunta séria, nem se apresente uma única tese. Dave e Chris assumem, como seu terreno comum, todas as principais afirmações marxistas: que existem classes sociais, que os «capitalistas» formam uma dessas classes, assim como os «trabalhadores», que os primeiros exploram os segundos, que o fazem enquanto classe e por aí fora. Mas porque é que é esclarecedor descrever uma sociedade como capitalista, e porque devemos pensar em nós mesmos principalmente como membros de uma sociedade capitalista e não como cidadãos de uma democracia liberal? Para o ouvinte que fizesse essas perguntas, Dave e Chris nada teriam a dizer de amável.

Isso, claro, é o que se entende por preconceito e, na minha experiência limitada, o curso de sociologia da Universidade Aberta é certamente tendencioso. Mas porquê tanto barulho? Qual é o mal de alguns jovens professores universitários a palrar uns com os outros em marxês, enquanto outros escutam nos seus rádios, tirando notas cuidadosamente?

Devemos lembrar que a Universidade Aberta não é uma universidade normal. A maioria dos seus alunos são pessoas mais velhas,

130   Contra a corrente

algumas reformadas, que, por uma razão ou outra, falharam a educação. As suas mentes não são impressionáveis nem verdadeiramente abertas e, muitas vezes, pouca coisa, além da sua autoestima, depende de obterem um diploma. Além disso, se desejam saber o que as espera, basta ligarem o rádio e experimentar. É possível que alguém possa ouvir Dave e Chris e sentir um alívio genuíno ao descobrir exatamente o que sempre lhe fez falta, e exatamente o que deveria gostar mais de estudar.

Qualquer um, tolo o suficiente para se lançar num curso de sociologia da Universidade Aberta sem primeiro o ouvir, ou que, tendo-se lançado nele, decida que não pode tolerar o preconceito, vai provavelmente a caminho de uma reprovação. E o aluno brilhante que aprende a escrever uma resposta de exame perfeita em marxês ganha uma recompensa preciosa pelos seus estudos: aprende uma linguagem que o isola totalmente dos seus semelhantes e o encoraja tanto a ele quanto aos outros a renunciar a qualquer tentativa de diálogo. Assim, evitam-se muitas desavenças infrutíferas e preservam-se muitas ilusões consoladoras.

Aí reside, parece-me, a força da Universidade Aberta, que, ao contrário desses clubes privados como Oxford e Cambridge, deixa claro desde o início com o que se parecerá o aluno quando se formar. E se as pessoas se quiserem parecer com Dave e Chris, boa sorte para elas.

O fim da educação

(The Times, *1985)*

O ensino superior tem uma voz grossa nos meios de comunicação, um braço forte no parlamento e uma mão livre no erário público. É um dos interesses estabelecidos mais poderosos no Estado moderno, e mais capaz do que a maioria de dar provas da sua indispensabilidade. Aqueles que desejam podar a árvore do saber, desbastar os seus ramos podres, ou meramente questionar o valor geral de um crescimento cuja sombra parece tão mortífera para todos os interesses rivais são, para aqueles que vivem do fruto da árvore, os mais grosseiros dos bárbaros grosseiros.

Não é de surpreender, portanto, que o relatório preliminar do Governo sobre o futuro do ensino superior tenha provocado uma indignação sincera e veemente. E embora seja menos tosco do que a maioria dos seus críticos, o relatório é inegavelmente deficiente em tato e compreensão. Defende, com bastante razão, que a educação deve ser financiada pelo público, apenas se beneficiar o público. Contudo, a sua ideia utilitária de benefício, sugerindo que pode haver um padrão económico de sucesso académico, está repleta de confusões.

A economia é, obviamente, uma preocupação primordial da governação responsável. E o país só pode prosperar se produzir o tipo certo de «capital humano». Daí que os politécnicos e as universidades tenham uma função económica vital. Porém, a prosperidade não é um fim, mas um meio: é a condição *sine qua non*, que nada garante. Não devemos valorizar a educação como meio para a prosperidade, mas a prosperidade como meio para a educação. Só assim é que as nossas prioridades estarão corretas, pois a educação, ao contrário da prosperidade, é um fim em si mesmo.

132 Contra a corrente

Tal não significa que o Governo esteja errado ao considerar a economia do ensino superior, ou em procurar uma contrapartida adequada para o gasto de dinheiro público. No entanto, deve ser claro, não apenas quanto às suas prioridades, mas também quanto às prioridades daqueles a quem procura disciplinar. Os académicos valorizam a instrução não pelos seus resultados económicos, mas por si mesma; ensinam não para fornecer uma vantagem pecuniária, mas pelo ensino mesmo; investigam não para estimular a economia, mas pela investigação mesma. Obviamente, a educação também é lucrativa. Mas, se olharmos muito fixamente para o lucro, perderemos de vista a coisa em si.

A educação é como a amizade: traz ajuda, conforto, força, privilégio e sucesso. A amizade é inquestionavelmente lucrativa. Contudo, nunca devemos valorizar a amizade pelo lucro que ela traz. Tratar a amizade como um meio é perder a capacidade de amizade. O nosso companheiro já não é nosso amigo quando começamos a pesá-lo na balança da vantagem. O mesmo sucede com a educação: o lucro da educação persiste, desde que o não persigamos.

Além disso, o lucro vem até nós por uma «mão invisível». O planeamento económico não tem mais probabilidade de sucesso neste campo do que noutro qualquer. Quem poderia prever que uma sociedade, cuja elite foi educada principalmente em línguas que já não são faladas, se mostraria capaz de gerir a maior, a mais lucrativa e a mais poderosa administração colonial que o mundo já conheceu? E quem poderia prever que uma sociedade cujo sistema educacional é dedicado à ciência e à tecnologia produziria apenas ciência banal, tecnologia defeituosa e uma vigorosa cultura clandestina profundamente hostil a ambas?

Nesta área, o planeamento sábio significa evitar cuidadosamente os planos. A investigação deve seguir o seu próprio curso, guiada apenas por aquele interesse pela verdade, sem o qual não terá resultado nem motivo. E a educação deve fornecer não os pormenores minuciosos da tecnologia de amanhã (que em breve será a de ontem), mas a disciplina intelectual que se adapta a circunstâncias novas e mutáveis, precisamente por não estar apegada a nenhuma. Em suma, o ensino superior deve ser inútil e irrelevante. De outra forma, não tem valor.

Dito isto, é justo louvar o Governo por questionar muito do que passa por ensino superior neste país. Quando a maré de parvoeiras subiu numa tal proporção, que a Universidade de Bradford pode oferecer uma licenciatura num assunto («estudos da paz») que nem sequer

Quinta parte: O fim da educação   133

existe, é seguramente altura de perguntar se não pode haver melhores usos para o dinheiro do contribuinte.

Observe o leitor imparcialmente um *campus* moderno, a literatura que se pede aos alunos que estudem, as perguntas a que eles devem responder, os padrões de conduta aos quais se espera que eles se conformem, e pergunte-se até que ponto aquilo que vê está de acordo com qualquer ideal de aprendizagem imparcial. Ou assista a uma conferência da Associação Britânica de Sociologia e escute comunicações semianalfabetas a defender «a construção social de solidariedade perante uma dupla estratégia de paternalismo e repressão», a tese de que «as mulheres são policiadas através do controlo dos seus corpos» e a ideia de que o *flashing* é um instrumento de dominação masculina. Ou folheie um exemplar de uma das novas publicações de teoria literária, *Semiotica*, por exemplo, ou *Poetics Today*, e avance a custo pelos hectares de dislates produzidos por pessoas que não sabem escrever com talento nem ler com discernimento, e que perderam toda a noção da diferença entre um problema genuíno e um fogo-fátuo.

Faça algum desses exercícios e depois pergunte a si mesmo se a expansão do ensino superior produziu realmente, no cômputo geral, o intelecto disciplinado e o entendimento culto que os críticos do relatório preliminar supõem ameaçados pela parcimónia do governo. Pergunte a si mesmo qual foi a consequência de encher universidades e politécnicos com académicos que não teriam sido respeitados uma geração antes e que, porém, passaram imediatamente aos quadros. Pergunte a si mesmo se uma má educação é realmente melhor do que educação nenhuma, e se um Governo tem mesmo a obrigação de manter a enxurrada de ignorância vociferante vertida pelas nossas instituições académicas. Então, o leitor talvez enalteça o relatório preliminar por tentar julgar essas instituições por *algum* padrão, mesmo que o padrão escolhido não sirva.

A praga da sociologia

(The Times, 1985)

Augusto Comte, o pai da sociologia, foi um pensador ingénuo e superficial. Mas tinha uma preocupação com a verdade e faro para problemas. Sob a sua tutela, a sociologia não permaneceu um sonho académico, mas estabeleceu-se como ciência. Comte foi seguido por quatro grandes homens — Marx, Durkheim, Pareto e Weber —, cada um dos quais forneceu conceitos e observações indispensáveis para uma compreensão plena da condição moderna. Além disso, na fértil área comum da sociologia e da filosofia floresceram argumentos e ideias que tocam nas preocupações mais profundas e duradouras da humanidade. O Papa João Paulo II, por exemplo, deve muitas das suas ideias morais a filósofos de mentalidade sociológica como Max Scheler.

Então, porque é que a sociologia tem a reputação que adquiriu? Porque é que é tão frequentemente considerada como ideologia, doutrinação e pseudociência? Porque é que a mera menção da sociologia académica serve para evocar imagens de uma turba ignorante perdida na conversa fiada, inflamada pela doutrina e profundamente hostil a todas as formas de autoridade e poder?

Parece-me que a imagem não é totalmente injusta. Recentemente, vários sociólogos académicos, falando na Associação Britânica para o Progresso da Ciência, encenaram o que equivalia a um julgamento de fachada da «Nova Direita», denunciando os seus colegas que se tinham afastado do rebanho do socialismo como moralmente corrompidos e intelectualmente vazios. Nenhum desses colegas foi convidado a replicar, e a autoridade da Associação Britânica foi usada como uma

Quinta parte: O fim da educação 135

chancela para remeter ao silêncio todos aqueles cujas opiniões ofendiam os fanáticos.

Académicos que silenciam dessa forma a discussão e que adotam uma postura política como inquestionável e conclusão inevitável do seu tema são os inimigos da erudição. Quando os recursos de uma disciplina são desviados para a tarefa de fortalecer um dogma político e resguardar as suas fraquezas intelectuais atrás de uma barreira impenetrável de abstração, e quando aqueles que questionam o dogma são rejeitados como intelectualmente sem valor e moralmente corruptos, podemos suspeitar, com justiça, de que já não estamos a tratar com uma ciência imparcial.

Consideremos a acusação de «racista», tão popular entre os sociólogos instalados e agora usada para desacreditar a «Nova Direita». A acusação poderia ser aplicada, pelos motivos geralmente argumentados, igualmente a Marx, Pareto, Durkheim e Weber, e até mesmo ao próprio Comte. Este é um pequeno exemplo, mas significativo, do modo como a sociologia se libertou da disciplina intelectual que a criou e lançou-se, barco histérico e sobrecarregado, no mar da opinião pura — sem nada para a guiar exceto a sua convicção de que, aonde quer que vá à deriva, vai bem, desde que vá para a esquerda.

Talvez o efeito mais lamentável da sociologia de segunda classe seja o seu enfraquecimento da linguagem natural das relações morais, pois a má sociologia tem apenas um dispositivo intelectual: a proliferação de equivalências espúrias. Veja-se o truque favorito dos «educadores da paz» — a representação de todo poder, por mais legítimo que seja, por mais resultante de consentimento e compromisso, como uma forma de «violência estrutural». (O truque foi aperfeiçoado pelo mentor de Mussolini, Georges Sorel, que por sua vez o tirou, um tanto retorcidamente, de Marx.)

Toda a ordem social requer uma estrutura de autoridade e lei pela qual as pessoas têm permissão para fazer algumas coisas e são impedidas de fazer outras. Assim, dizem-nos, toda a ordem está assente na violência. Além disso, como os impedidos e os permitidos pertencem a classes diferentes, todo o sistema envolve «violência estrutural», pela qual a classe dominante «policia» as restantes. Contra a violência, a violência é uma resposta legítima, e contra a vasta acumulação de «violência estrutural» no Estado moderno, quaisquer extremos se tornam permissíveis — até mesmo a violência terrorista.

136   Contra a corrente

Atente-se em qualquer curso de «estudos da paz» e encontraremos esse absurdo apresentado como se fosse uma matéria de ciência desapaixonada. Pelo mesmo argumento, o poder de quem é amado sobre quem ama, do maestro sobre a orquestra, do homem que dá sobre o homem que depende da sua caridade — todas essas relações legítimas tornam-se formas de «violência estrutural». Por mais absurda que seja a conclusão, não devemos ignorar o efeito da linguagem do sociólogo sobre os semieducados. Se considerarmos a mudança nas atitudes modernas em relação ao terrorismo, particularmente as mudanças exibidas pela linguagem do jornalismo, começaremos a ver a extensão da corrupção intelectual. O terrorista ganha legitimidade assim que somos encorajados a condenar o «sistema» contra o qual ele luta nos mesmos termos com que condenamos o seu ato.

Filha dos recantos mais poluídos da sociologia, o poder de persuasão da «educação para a paz» depende inteiramente dessas equivalências espúrias. Os sistemas totalitários e democráticos são representados como competidores iguais e opostos no jogo da defesa nuclear, cada um reagindo a uma «ameaça» equivalente apresentada pelo outro. Um Governo de partido único que age por conspiração para suprimir todas as origens rivais de poder é «equivalente à opressão de classe» da democracia ocidental. O Estado de direito é «equivalente» a uma tirania de juízes. E assim por diante.

O uso desses dispositivos por fanáticos de câmara municipal e revolucionários de rua é esperado. Mas a sua repetida ocorrência na disciplina académica que domina os politécnicos e as universidades da Grã-Bretanha é o sinal de uma aterradora grosseria intelectual. Não sugiro que os fundadores da sociologia não têm culpa alguma da corrupção atual. Pelo contrário, impacientes por conclusões «profundas», também eles descuraram as distinções subtis e pintaram com as mesmas cores cinzentas as maquinações dos malévolos e as ações dos justos. Porém, mesmo nos seus momentos mais impetuosos, eles não mutilaram a linguagem comum da moralidade — a nossa melhor lembrança de que nos assuntos humanos são as distinções subtis que importam e das quais depende a nossa felicidade.

Conhece o teu lugar

(The Spectator, 2004)

O recente memorando furtado ao príncipe Carlos fazia a observação correta de que a educação «centrada na criança», ao encorajar falsas expectativas e desencorajar o esforço, prejudica seriamente quem a recebe. Os professores universitários sabem disso, pois têm de lidar com os resultados de uma educação que coloca a autoestima antes da realização real. Apesar da abundância de notas altas obtidas através de exames simplificados sobre assuntos simplificados, os jovens tendem a entrar na universidade sem as capacidades necessárias para o estudo verdadeiro. A probabilidade de um aluno recém-chegado à universidade saber ler um livro ou escrever um ensaio diminui de ano para ano, e apenas o sentimentalismo teimoso do aparelho educativo o impede de reconhecer que a razão para tal reside na cultura da autoestima. O princípio dominante do nosso sistema educativo parece ser o de que as crianças devem sentir-se bem consigo mesmas. Por conseguinte, o currículo deve ser «relevante» para os seus interesses, e os exames não devem julgar as suas aptidões linguísticas ou literárias.

A educação só é possível se persuadirmos as crianças de que há coisas que vale a pena saber que elas ainda não sabem. Isso pode fazer com que elas se sintam mal consigo mesmas, mas sentir-se mal agora é o preço de se sentir bem mais tarde. A cultura da autoestima tem o efeito oposto: ao fazer as crianças sentirem-se bem agora, faz com que elas se sintam mal mais tarde — tão mal que culpam todos os outros pelo seu fracasso e juntam-se à fila crescente de litigantes ressentidos. A educação implica a transmissão de conhecimentos e capacidades, não ilusões, e uma prática dedicada a convencer as crianças de que elas

138 Contra a corrente

estão bem como estão não merece o nome de educação. A aquisição de conhecimento exige aptidão e trabalho, uma verdade tão óbvia que apenas décadas de propaganda igualitária poderiam ter levado tantos a negá-la.

No entanto, a barulheira em torno do memorando do Príncipe toca em assuntos mais profundos. A educação é um fim em si mesma. Mas é também um meio de promoção social. E só pode haver promoção social onde houver hierarquia social. Numa sociedade de iguais, não há fracasso nem sucesso, e o desespero é dominado pela perda da esperança. As sociedades reais não são assim: são moldadas pela competição, pelo conflito, pela amizade e pelo amor, todas elas forças que têm a distinção, e não a igualdade, como resultado natural e todas profundamente contrárias à cultura da autoestima.

Uma sociedade de seres humanos reais é bastante diferente da sociedade para a qual as crianças são preparadas por uma educação «centrada na criança». É aquela em que podemos perder ou ganhar, em que o talento, a capacidade e o trabalho árduo são recompensados, e a arrogância e a ignorância são deploradas. A hierarquia social é a sua consequência inevitável: não necessariamente a hierarquia estática da classe social herdada, nem a hierarquia da propriedade que tende a substituí-la, mas, ainda assim, uma hierarquia, na qual a influência, o afeto e o poder são desigualmente distribuídos.

Essas verdades elementares costumavam ser reconhecidas pelo nosso sistema educativo. Quando fui premiado com uma vaga na nossa *grammar school*(¹) local, o meu pai, um socialista que conservava zelosamente a sua identidade de classe trabalhadora, previu com uma imprecação que eu viria a «superar a minha posição». E ele tinha razão, graças a Deus. Tanto o ressentimento do meu pai quanto o meu próprio sucesso testemunham a mesma realidade subjacente: que se pode ascender a uma posição mais alta na sociedade obtendo uma boa educação. Graças à minha *grammar school*, ganhei uma bolsa de estudos para Cambridge e, graças a Cambridge, ganhei o tipo de educação que abriu os meus pensamentos, capacidades e ambições, para um mundo que eu nunca sonhara que pudesse ser meu. E tudo isso sem custar um cêntimo à minha família.

No entanto, como resultado da cultura da autoestima, a ajuda que recebi do Estado foi retirada pelo Estado. As *grammar schools* foram em

---

(¹) Escola secundária geralmente pública, de admissão seletiva. [N. do T.]

Quinta parte: O fim da educação 139

grande parte abolidas, o currículo foi vandalizado (e também imposto), e as disciplinas que contêm conhecimento proveitoso — matemática, ciências exatas, latim, grego e história antiga — foram afastadas para as margens do sistema. E, tendo destruído as escolas, o Estado agora gostaria de destruir as universidades, obrigando-as a aceitar os resultados estupidificados de seu vandalismo. Tudo isto demonstra uma profunda hostilidade à hierarquia social. Mas o dogma igualitário nada faz para abolir a hierarquia social: ele assegura simplesmente que as crianças na base não têm hipótese de chegar ao topo. A maneira de tornar a hierarquia aceitável não é fingir que ela pode ser abolida, mas fornecer às crianças mais pobres os meios para ascender nela. Por outras palavras, é substituir a aristocracia e a plutocracia pela meritocracia. E isso significa fazer o tipo de coisas que fazia a minha escola primária, e que é feito pelo Príncipe através do seu admirável *Trust*([1]), ou seja, dar aos jovens a oportunidade de desenvolver os seus talentos e colher a recompensa plena do seu trabalho.

Ora, as hierarquias existem apenas se houver pessoas na sua base. Esse facto preocupa tanto os defensores da autoestima que eles procuram inverter o espectro social, a fim de representar a base como o topo e o topo como a base. O discurso desleixado é elogiado como socialmente autêntico e a ignorância como «diferença». Todas as formas de saber que exigem aptidão ou trabalho, ou que aspiram a uma cultura superior à da rua, são rejeitadas como «elitistas» e encaixadas nas margens do currículo. A professora de música que desejar ajudar a sua turma a entender a forma da sonata e o seu papel na sinfonia clássica será criticada pela «irrelevância» das suas aulas, que deveriam antes concentrar-se no tipo de música que os jovens preferem — os Oasis, por exemplo. A sugestão de que devemos ensinar os jovens a preferir algo melhor será rejeitada como arrogante e opressiva. Esse antielitismo tem o efeito inverso do pretendido, pois confina os jovens à posição social de que partem. Contudo, moldou o currículo nacional em todas as disciplinas dantes dedicadas a perpetuar a nossa cultura e agora dedicadas a lisonjear a criança.

Num ensaio escrito há mais de um século, o filósofo F. H. Bradley refletiu sobre «a minha posição e os seus deveres», e disse que o ser humano só se torna o que realmente é ao realizar a sua liberdade na

---

([1]) *The Prince's Trust*, instituição de apoio aos jovens (dos 11 aos 30 anos) para a obtenção de ensino, preparação e emprego. [N. do T.]

140   *Contra a corrente*

sociedade, e cada ato de autorrealização envolve criar e adotar uma posição social. Quer sejamos ricos ou pobres, serenos ou exaltados, desocupados ou a fazer pela vida, nós tornamo-nos o que somos através dos círculos de influência e afeto que nos distinguem. A infelicidade vem de estarmos descontentes com a nossa posição, não tendo os meios para a mudar. E, a todos nós, chega um momento em que nos estabelecemos numa posição social que não temos o poder nem a vontade de mudar. É desse sentido da nossa posição social que emergem os nossos deveres, defende Bradley. Não existe um conjunto único de obrigações, nenhum «dever pelo dever» que se aplique a toda a humanidade. Cada um de nós está sobrecarregado pelos deveres da sua posição, e a felicidade vem de os cumprir. Por mais humilde que seja a nossa posição, ela chega-nos marcada com a distinção entre certo e errado — uma maneira certa de ocupar a nossa posição e uma maneira errada. Os nossos deveres podem assumir a forma de uma ética profissional, de uma função específica como a de médico ou professor, de um cargo como o de primeiro-ministro. Podem até assumir a onerosa forma hereditária dos deveres impostos ao príncipe Carlos como príncipe de Gales — deveres que ele leva extremamente a sério.

Se Bradley estiver certo, então é pela ideia de dever que passamos a sentir-nos satisfeitos com o nosso destino. A cultura da autoestima quer que todos se sintam bem consigo mesmos, independentemente do mérito. No entanto, a verdadeira autoestima vem da noção de estar bem com os outros e merecer a sua estima, o que, por sua vez, depende do cumprimento dos deveres da sua posição. A empregada de limpeza do escritório que faz o seu trabalho conscientemente é recompensada com a amizade dos trabalhadores a quem beneficia. Não importa que a sua posição social seja humilde, pois, ocupando-a corretamente, ela ganha um lugar na sociedade tão honroso como qualquer outro. Era isso que George Herbert tinha em mente naqueles versos tornados famosos pelo hino vitoriano:

> Um servo com esse preceito
> Torna divino o labor
> Quem limpa um quarto pelas Tuas leis
> Fará duplamente bem.([1])

([1]) Estrofe de *O Elixir*, de George Herbert (1593–1633). [N. do T.]

Em consequência, uma sociedade pode ser ordenada hierarquicamente sem ser opressiva, porquanto cada posição tem os seus deveres, cujo cumprimento é um fim em si mesmo e um passaporte para o afeto social. E através da educação, ambição e trabalho árduo podemos mudar a nossa posição, para chegar ao lugar que corresponde às nossas realizações, e que, ao cumprir os seus deveres, possuímos como nosso.

A guerra das universidades contra a verdade

(Spectator Life, 2016)

Os jovens de hoje têm muita relutância em assumir que qualquer coisa esteja certa, e essa relutância é revelada na sua linguagem. Em qualquer assunto em que possa haver desacordo, porão no final da frase um ponto de interrogação. E, para reforçar a postura de neutralidade, irão inserir palavras que funcionam como limitações de responsabilidade, das quais a favorita é «tipo». Podemos afirmar categoricamente que a Terra é esférica, mas eles sugerirão que a Terra é, «tipo, esférica?».

De onde veio essa hesitação omnipresente? Segundo me parece, ela tem muito que ver com a nova ideologia da não-discriminação. A educação moderna visa ser «inclusiva», e isso significa não parecer muito certo de nada, não vão as pessoas que não compartilham as nossas convicções sentir-se pouco à vontade. De facto, até lhes chamar «convicções» é um pouco suspeito. A palavra correta é «opiniões». Se hoje tentarmos exprimir as nossas certezas numa sala de aulas, é provável que nos olhem com desconfiança, não porque estejamos errados, mas pela estranheza de se ter a certeza sobre qualquer coisa e pela estranheza ainda maior de se querer transmitir aos outros as certezas próprias. A pessoa com certezas é a excluidora, aquela que desrespeita o direito que todos temos de formar as nossas próprias «opiniões» sobre o que importa.

No entanto, mal a própria inclusão é questionada, a liberdade é posta de lado. Os estudantes parecem estar mais preparados do que nunca para exigir que «nenhuma plataforma» seja dada a pessoas que falam ou pensam de maneira errada. Falar ou pensar de maneira errada não significa discordar das convicções dos estudantes — pois

Quinta parte: O fim da educação   143

eles não têm convicções. Significa pensar como se houvesse realmente algo para pensar — como se houvesse realmente uma verdade que estamos a tentar alcançar, e que está certo, ao tê-la alcançado, falar com certeza. O que poderíamos ter tomado como abertura de espírito acaba por ser falta de espírito: a ausência de convicções e uma reação negativa a todos aqueles que as têm. O maior pecado é a recusa em terminar cada frase com um ponto de interrogação.

Como tantas mudanças na nossa língua e cultura nos últimos 25 anos, o objetivo é descobrir, e também proibir, as formas ocultas de discriminação. Quase todos os sistemas de convicções que no passado pareciam objetivos e importantes são agora rejeitados como «ismos» ou «fobias», de modo que aqueles que os defendem são descritos como fanáticos ideológicos.

Na década de 1970, quando o feminismo começou a fazer incursões na cultura pública, surgiu a polémica de saber se não havia, afinal, diferenças radicais entre os sexos que explicassem a razão de os homens serem bem-sucedidos em algumas esferas e as mulheres noutras. As feministas revoltaram-se contra essa ideia. Consequentemente, inventaram o «género», que não é uma categoria biológica, mas uma maneira de descrever características maleáveis e culturalmente mutáveis. Talvez não possamos escolher o nosso sexo. Mas podemos escolher o nosso género. E era isso o que as mulheres estavam a fazer — redefinir a feminilidade, para reivindicar o território anteriormente monopolizado pelos homens. Com base nisso, a biologia foi retirada de cena e substituída pelo género.

Essa estratégia foi tão bem-sucedida que o «género» agora substituiu o «sexo» em todos os documentos oficiais, e a sugestão de que as diferenças sexuais são invariáveis foi relegada à classe de pensamentos proibidos. Dado que o género é uma construção social, as pessoas devem ser livres de escolher o seu e quem quer que insinue o contrário é um fanfarrão e um fanático. Até uma feminista pioneira como Germaine Greer é proibida de falar no *campus*, para que a sua convicção de diferenças sexuais reais e objetivas não ameace estudantes vulneráveis que ainda têm de decidir de que género são. A diferença sexual foi assinalada como uma área perigosa, sobre a qual as convicções, mesmo as de Germaine Greer, são arriscadas.

Onde isto irá acabar é uma incógnita. Pensávamos que os humanos são distintos de outros animais? Então, somos culpados de «especismo». Pensávamos que existe uma distinção real e objetiva entre homens e mulheres? «Transfobia.» Pensávamos que atitudes que levam ao assassínio em série são suspeitas? «Islamofobia». A única certeza quanto ao mundo onde vivemos é que, se acreditamos que existem diferenças reais e objetivas entre as pessoas, é melhor ficarmos calados, especialmente se for verdade.

Sexta parte:

Filosofia fraudulenta

Um apontamento sobre Foucault

(The Spectator, *1971*)

Na obra anterior, agora reeditada, *História da Loucura*, Michel Foucault tenta descrever o lugar que a civilização, desde o Renascimento, concedeu à loucura. Ele situa a origem do confinamento de loucos no século XVII, associando esse confinamento à ética do trabalho e à ascensão das classes médias. Foucault pensa que, como historiador, deve preocupar-se não com as origens dos acontecimentos, mas com o seu significado mais profundo. Ele reduz qualquer objeto de estudo histórico a um epifenómeno — um subproduto e manifestação do que ele chama a «experiência» que o compele. Assim, Foucault não diz que a reorganização económica da sociedade urbana conduziu ao confinamento, mas que «foi numa certa experiência de trabalho que a exigência indissoluvelmente económica e moral do confinamento foi formulada».

O louco é «outro» na idade clássica, porque aponta os limites da ética dominante e se aliena das suas exigências. Mas, através do confinamento, a loucura é submetida ao domínio da razão: agora, o louco vive sob a jurisdição dos sãos, confinado pelas suas leis e instruído pelas suas noções do que está certo. O recurso da razão nesse encontro imediato é revelar à loucura a sua própria «verdade». Ter falta de razão é, para o pensamento clássico, tornar-se um animal. Por conseguinte, o louco deve ser obrigado a representar o papel de um animal; ele é usado como um animal de carga, e, por esse confronto com a sua própria «verdade», é finalmente devolvido à razão. Cada era sucessiva encontra uma «verdade» semelhante através da qual a experiência da loucura pode ser transcendida pela sanidade. Mas Foucault sugere

148 *Contra a corrente*

que a reserva dessas verdades já está esgotada. O livro termina com um elogio satânico da loucura, no qual Foucault apela aos deuses do Olimpo francês moderno — Goya, Sade, Hölderlin, Nerval, Van Gogh, Artaud e Nietzsche —, para confirmarem esse esgotamento. Por mais banal que seja, esse elogio não ganha substância com os estudos que o precedem.

Segundo Foucault, era claro para o século XVIII que, embora a loucura fosse capaz de se exprimir, ela não tinha linguagem para o fazer além daquela que a razão podia fornecer. A única fenomenologia da loucura está na sanidade. Certamente, então, o século XVIII teria, pelo menos, uma intuição acertada sobre a natureza da desrazão? A província da linguagem e a província da razão são coextensivas, e se a loucura contém as suas próprias «verdades», como afirma Foucault, elas são essencialmente inexprimíveis. Como podemos então imaginar corretamente uma «linguagem» da desrazão, uma linguagem na qual são exprimidas as verdades da loucura e à qual devemos agora sintonizar os nossos ouvidos? A ideia de tal linguagem é a ideia de um interminável monólogo delirante, que nem o homem de razão nem o próprio louco podem compreender. Mesmo que pudesse existir, tal linguagem não teria nenhuma semelhança com a lógica impiedosa de *O Crepúsculo dos Ídolos* ou com o simbolismo preciso de *Les Chimères*. Os heróis de Foucault teriam sido incapazes de usar essa linguagem, mesmo na sua loucura final, e, se conseguimos entendê-los, é sem a ajuda desta.

Segundo Foucault, para o século XIX, a experiência de «desrazão» característica do período clássico torna-se dissociada: a loucura é confinada a uma intuição moral, e a fantasia de um monólogo incessante da loucura, na linguagem inacessível à razão, é esquecida. Essa ideia será ressuscitada, porém, no início do século XX, na teoria freudiana dos processos de pensamento inconscientes que determinam o comportamento do homem irracional. No século XIX, a loucura tornou-se uma ameaça a toda a estrutura da vida burguesa, e o louco, embora superficialmente inocente, é profundamente culpado por não se submeter às normas familiares. A maior ofensa da loucura é contra a «família burguesa», como Foucault lhe chama, e é a «experiência» dessa família que impõe a estrutura paternalista dos asilos. O espírito de julgamento e reprovação no asilo leva a uma nova atitude para com a loucura — ela é por fim *observada*. Já não se pensa que o louco tenha algo a *dizer*: ele é uma anomalia no mundo da ação, responsável somente pelo seu comportamento visível.

Sexta parte: Filosofia fraudulenta   149

No asilo, o homem da razão é apresentado como adulto, e a loucura como um ataque incessante contra o Pai. O louco deve ser levado a reconhecer o seu erro e revelar ao Pai a sua consciência de culpa. Assim, dá-se uma transição natural da «confissão em crise», característica do asilo, para o diálogo freudiano, no qual o analista escuta e traduz a linguagem da desrazão, mas em que a loucura ainda é forçada a ver-se como desobediência e transgressão. Finalmente, sugere Foucault, é porque a psicanálise se recusou a suprimir a estrutura familiar, como a única através da qual a loucura pode ser vista ou conhecida, que a sua criação de um diálogo com a loucura não leva à compreensão das vozes da desrazão.

Mas essa associação simplista das palavras «burguês» e «família» não tem justificação histórica, e nem sequer é claro que a família burguesa tenha sempre tido a estrutura mais paternalista ou autoritária, comparada com as outras. Através dessa associação, Foucault consegue sugerir que a estrutura familiar é tão dispensável quanto a estrutura social particular que dá precedência à burguesia — o que é, decerto, histórica e logicamente, uma simples falácia. Se a família está sempre connosco, será surpreendente que ela deixe os seus vestígios nas deformidades psicológicas daqueles que estão transtornados? Como pode esse facto ser usado como medida do valor da vida familiar ou da verdade de qualquer conceção particular de doença mental?

As Palavras e as Coisas prolonga em todas as direções o trabalho anterior: as fontes são mais recônditas, as ideias mais obscuras, e a argumentação mais difícil de seguir. Tem como subtítulo «uma arqueologia das ciências humanas», e conclui com a visão de que o «homem» é uma invenção recente, condenada ao desaparecimento. Só a partir do Renascimento é que o facto de se ser um *homem* (em vez de, digamos, um agricultor, um soldado ou um nobre) recebeu o significado especial que agora lhe atribuímos. As ciências que têm como objeto o homem são invenções recentes, já ultrapassadas como formas de conhecimento. A ideia de homem é tão frágil e transitória como outra ideia qualquer na história do conhecimento humano, e deve dar lugar, sob o impulso de uma nova «experiência» do mundo, a algo que não podemos nomear.

Mas será que as teorias de Foucault são realmente tão ambiciosas e surpreendentes quanto ele as faz parecer, e os factos em que se baseiam tão difíceis de descobrir? Dizem-nos, por exemplo, que o Renascimento via o mundo em termos de semelhança, mas que mais tarde essa «episteme» foi substituída por outra, a de «identidade e diferença».

150   *Contra a corrente*

Mas qualquer aplicação de um conceito pode ser descrita como a descoberta de uma semelhança. Então, como pode a semelhança deixar de ser uma forma fundamental do conhecimento humano? E como pode ser substituída por identidade e diferença, com as quais é interdefinível? Essas dificuldades lógicas estão no âmago da teoria de Foucault e, por mais brilhante que seja a retórica, elas não podem ser contornadas.

O triunfo do nada

(The Times, *1984*)

The Listener publicou recentemente uma série intitulada «O Regresso da Grande Teoria», apresentando ao leitor pensadores como Gadamer, Foucault, Habermas e Althusser. Curiosamente, metade dos artigos começa ou acaba a declarar que o pensador em causa não é um expoente da grande teoria, ou sequer de qualquer teoria, embora o julgue, mesmo assim, de suprema importância intelectual.

A leitura desses artigos surgiu como uma recordação deprimente da facilidade com que os feitos intelectuais podem ser descartados. Os filósofos anglo-americanos são constantemente criticados por não considerarem os trabalhos de Gadamer *et al.*, quando a verdade é que os considerámos e os julgámos em grande parte inúteis. Parece arrogante dizê-lo, e, se Russell fosse vivo, poderia ser dito de forma mais rude. Mas, para que fique no registo público, di-lo-ei agora.

A maioria dos pensadores que nos são recomendados como «corretivos» para o nosso provincianismo anglo-saxónico são, a meu ver, charlatães de primeira ordem que preferem o paradoxo e a pose às revelações, alcançadas com grande esforço, da discussão filosófica. A sua reputação deriva de duas circunstâncias pouco notáveis: primeiro, a sua conversa fiada, que oferece ao académico de segunda categoria um manto impenetrável de falsa competência; segundo, as suas conclusões, que são quase invariavelmente «subversivas da ordem estabelecida», de uma forma que enobrece as atitudes de revolta de sofá, pelas quais o académico se relembra de que já esteve vivo. Em suma, eles fornecem à calvície intelectual uma vistosa peruca de cabelo comprido.

152   Contra a corrente

Consideremos Althusser, o mais influente e aparentemente mais difícil dos grandes teóricos. Um filósofo numa universidade britânica provavelmente reprovaria um examinando que escrevesse assim:

> Esta não é apenas a sua situação em *princípio* (aquela que ocupa na hierarquia de instâncias em relação à instância determinante: na sociedade, a economia) nem apenas a sua situação *de facto* (se, na fase em questão, é dominante ou subordinada), mas a *relação dessa situação de facto com essa situação de princípio*, ou seja, a própria relação que faz dessa situação de facto uma *variação da estrutura — «invariante» —, em dominância, da totalidade.*

Um académico britânico tentaria ensinar os seus alunos a ver que tal passagem não só não diz nada, como também é concebida para não dizer nada. Alicerçada em blocos de abstrações, ela ergue uma barreira intransponível, atrás da qual o seu nada pode ser ocultado. O *Pour Marx* de Althusser é composto inteiramente dessas caixas de vazio fortificado, e não é de surpreender que os seus discípulos consigam concordar apenas quanto ao significado do título: Althusser é muito decididamente a favor de Marx, não contra ele. O deprimente é que, se fosse contra Marx, teria sido acolhido com o escárnio que merece. Só a garantia das suas credenciais políticas impecáveis permitiu que tivesse sucesso; mas foi o que bastou.

O estilo do charlatão é um estilo sem hesitação. No texto de Althusser, raramente encontraremos palavras como «talvez» ou «possivelmente»; em nenhuma parte encontraremos algum compromisso sério com outros pontos de vista além daqueles aprovados pelo autor. Althusser apenas se submete a outro ser humano, mas a sua deferência é total e idólatra. Esse ser humano é Marx, e Althusser mete na cabeça do seu leitor que *O Capital* tem o estatuto de um texto sagrado, que só pode ser compreendido por quem já acredita nele. «Não é possível ler *O Capital* corretamente», escreve ele, «sem a ajuda da filosofia marxista, que deve ser lida, e simultaneamente, no próprio *Capital*». Por outras palavras, aqueles que estão contra mim não me compreendem, e quem me compreende sabe que tenho razão. É um sentimento, e uma linguagem, que um filósofo britânico se consideraria obrigado a subverter.

Não digo que o texto de Althusser seja inteiramente desprovido de teoria. Mas, como ele diz, «essa teoria é a dialética materialista, que nada mais é do que o materialismo dialético». O neófito que contempla tais enunciações será provavelmente dominado por um certo temor. Elas têm o mesmo efeito vertiginoso do pleonasmo de Estaline: «As teorias de Marx são verdadeiras porque são corretas.» Com efeito, quanto mais tautológico um enunciado, mais ele induz aquele estado de prontidão que é o prelúdio da fé incondicional.

Althusser mostra como a conversa fiada pode ser considerada sabedoria, desde que tenha um tom de voz de esquerda. De facto, conversa fiada como a de Althusser, que encobre dogmas de esquerda numa escuridão impenetrável, receberá imediatamente um lugar de autoridade académica suprema. Rodeado pela escuridão de Althusser, o dogmático está protegido de toda a oposição, consolado na crença de que não pode ser ameaçado por aquilo que aprendeu a não ver. Se usarmos a linguagem de Althusser, então a possibilidade de que o marxismo possa estar enganado nem sequer pode ser afirmada! Graças a Deus que alguns académicos britânicos ainda consideram seu dever estruturar os seus argumentos numa linguagem que também pode servir aos seus adversários, e tentar também abrir os olhos dos seus alunos para a realidade do desacordo. Mas, por quanto tempo serão os seus esforços bem-sucedidos, se os «grandes teóricos» dominarem o programa de estudos? Bem gostava de saber.

Freud e fraude

(The Times, 1986)

Se desejamos realmente explicar o aumento do crime, devemos considerar a seguinte hipótese: o crime é explicado pelo nosso desejo de o explicar. À medida que procuramos as causas do nosso comportamento, também desviamos a atenção do ato em si, cercando-o de desculpas, isolando-o do julgamento e tornando inacessível o único terreno em que as sementes da moralidade podem ser semeadas: o terreno da responsabilidade individual. Certamente é esse hábito de explicação — essa obsessão com a «genealogia» dos nossos atos e intenções — que mais efetivamente «transvalorizou» os nossos valores. Aquilo que Nietzsche tão alegremente recomendou é precisamente o que, em retrospetiva, temos maiores razões para deplorar: a destruição da moralidade pelo hábito de a explicar.

No entanto, seria errado supor que as novas «ciências» do homem *explicam* realmente o nosso comportamento. O seu disfarce científico muitas vezes não passa de uma máscara, atrás da qual promovem um propósito moral mais sério: o propósito de baixar o preço da absolvição. Deixado à sua própria sorte num Universo sem Deus, o homem moderno não vê razão para se privar a si mesmo, e deseja apenas as desculpas que o justificarão aos olhos de criaturas como ele. E, como não reconhece nenhuma autoridade superior à ciência, é para a ciência que ele se volta para a sua desculpa. As ciências que são escolhidas como os seus ídolos são as mais pródigas em desculpas, as que despejam sobre ele uma torrente de explicações branqueadoras e as que lhe dizem ao mesmo tempo que ele merece a nossa simpatia e que não pode ser culpado.

Sexta parte: Filosofia fraudulenta 155

Talvez nenhuma ciência tenha sido fonte mais poderosa de absolvição do que a psicanálise de Freud. Aqui, numa única teoria, a consciência errante encontra um *kit* completo para sobreviver num mundo desmoralizado. O pecador torna-se um paciente, e, se parece fazer algo errado, não é realmente ele que o faz, mas um Inconsciente cujas maquinações lhe são desconhecidas. Se ele é atormentado pela consciência, isso também é obra do Inconsciente, que ergue perante o seu olho interior o fantasma de um Superego cuja autoridade pode ser imediatamente descartada como a sobrevivência de um medo primitivo.

No entanto, à medida que o palco da personalidade é desocupado pela responsabilidade, torna-se o cenário de um drama novo e mais espetacular — uma nobre tragédia em que o eu é justificado no próprio ato de ser oprimido. A psicanálise retira simultaneamente o indivíduo da esfera do elogio e da censura e devolve-o a ela resgatado, um herói que foi finalmente justificado pelo destino ao qual deve sucumbir. E a psicanálise faz tudo isso sem a menor penalidade moral: o único custo é o financeiro, e quem não se desfaria de dinheiro por uma consciência limpa e uma reserva inesgotável de novas desculpas?

É claro que não faltaram críticos ansiosos por apontar as deficiências científicas da teoria psicanalítica: a sua dependência de metáforas, mitos e imagens; a sua alegre indiferença à evidência e à refutação; a sua falta de método experimental; a sua definição egoísta de «doença», «terapia» e «cura». Contudo, os devotos dessa «ciência» impacientam-se com críticas tão fracas e externas. A atitude deles é tipificada por Freud, que, perante um sonho que parecia refutar a sua teoria da realização do desejo, respondeu: «Não, o seu sonho é uma expressão do desejo inconsciente de refutar a minha teoria», pois o único propósito dessas pseudociências da alma é tornar os seus representantes e adeptos *imunes à crítica*, até mesmo à crítica que a sua pretensão científica convida.

Invadir esse círculo encantado e resgatar o senso moral aprisionado não é tarefa fácil. Porém, um método promete sucesso: trata-se de tratar a ciência da alma como esta trata a moral, buscar a sua genealogia e assim «transvalorizá-la». Como mostra Ernest Gellner num livro brilhante (*O Movimento Psicanalítico*), o resultado é o desabamento de todas as alegações de autoridade que os freudianos fizeram. O professor Gellner descreve a génese da psicologia freudiana no medo mais dominante do homem moderno: o medo de outras pessoas. As doutrinas freudianas, defende ele, são respostas supersticiosas a esse medo, que o cercam, alimentam e prometem uma redenção final.

156 *Contra a corrente*

A ideia de um Inconsciente é introduzida para desvalorizar todas as certezas e colocar a psique do paciente fora do seu alcance. O analista torna-se assim sacerdote num solene rito de passagem, conduzindo o paciente da incredulidade à iluminação sagrada. Gellner descreve poderosamente, e na prosa mais brilhantemente colorida, a causalidade do dogma freudiano neste desejo religioso oculto. Ao fazê-lo, ele destrói as suas alegações científicas e desvaloriza a sua moralidade. Mas também elogia, de uma maneira ao mesmo tempo séria e irónica, essas novas certezas, tão bem ajustadas à consciência moderna e tão cuidadosamente separadas de qualquer sugestão de culpa.

No entanto, Gellner não chega a tirar a conclusão mais importante. Enquanto essa superstição moderna corrói o sentido moral, a religião, sobre a qual a nossa civilização foi construída, fez exatamente o oposto, defendendo e apoiando a ideia de responsabilidade moral e dando autoridade divina às suas ordens absolutas. As superstições seculares oferecem desculpas onde a religião oferecia medo, raiva e culpa; e enquanto esta compeliu o homem contra a sua vontade a ser bom, aquelas seduzem-no pelo caminho da imoralidade. Quando as leis são feitas, as instituições são governadas, e até mesmo as igrejas são lideradas por aqueles que estão nas garras dessas idolatrias desculpadoras, deveríamos realmente ficar surpreendidos por as pessoas se voltarem mais animadamente para o crime?

Se ao menos Chomsky se tivesse ficado pela sintaxe

(The Wall Street Journal, *2006)*

A popularidade de Noam Chomsky pouco ou nada deve ao lugar de destaque que ocupa no mundo das ideias. Esse lugar foi conquistado há muitos anos na ciência da linguística, e nenhum especialista no assunto, penso eu, contestaria o título do professor Chomsky.

Ele arredou de um só golpe as tentativas de Ferdinand de Saussure, e dos seus seguidores, de identificar o significado através da estrutura superficial dos signos, bem como a crença, outrora prevalecente entre os etólogos animais, de que a linguagem poderia ser adquirida fazendo ligações fragmentadas entre símbolos e coisas. Chomsky argumentou que a linguagem é um caso de tudo ou nada, que somos equipados pela evolução com as categorias necessárias para a adquirir e que essas categorias regem a «estrutura profunda» do nosso discurso, independentemente da língua que aprendamos. As frases surgem pelas operações repetidas de uma «gramática transformacional» que traduz a estrutura profunda em sequências superficiais: como resultado, todos somos capazes de compreender indefinidamente muitas frases, assim que adquirimos a capacidade linguística básica. As capacidades linguísticas são essencialmente criativas, e o alcance infinito da nossa compreensão também indica um alcance infinito do que podemos exprimir.

Embora algumas destas ideias tenham sido previstas pelos pioneiros da lógica moderna, o professor Chomsky desenvolve-as com um talento imaginativo que é inteiramente seu. Ele tem a capacidade do verdadeiro cientista de traduzir a teoria abstrata numa observação concreta, e de descobrir problemas intelectuais onde outros apenas

158 *Contra a corrente*

veem factos comuns. «Tem», digo eu, mas talvez «Tinha» fosse mais exato, já que há muito que o professor Chomsky despiu a sua toga académica e vestiu o manto do profeta. Há várias décadas que dedica as suas energias a denunciar o seu país natal, geralmente diante de salas repletas de admiradores que não se importam com a teoria da sintaxe. E muitas das suas aparições públicas são nos Estados Unidos: o único país no mundo inteiro que recompensa aqueles que o denunciam com as honras e oportunidades que fazem de o denunciar um modo de vida compensador. É prova do sucesso do professor Chomsky que as suas diatribes sejam distribuídas pelos seus editores norte-americanos por todo o mundo, de modo que acabem nas mãos dos críticos dos Estados Unidos em todos os lugares — incluindo o presidente da Venezuela, Hugo Chávez.

Para os seus apoiantes, Noam Chomsky é um defensor corajoso e franco dos oprimidos contra uma classe política corrupta e criminosa. Mas, para os seus adversários, ele é um tagarela presunçoso cuja visão unilateral da política é escolhida pela sua capacidade de incidir sobre si mesmo os holofotes. E, certamente, é inegável que o seu hábito de desculpar ou passar por cima das falhas dos inimigos dos Estados Unidos, para atribuir todo os crimes ao seu país natal, sugere que ele investiu mais na sua postura de acusação do que na verdade.

Descrever essa postura como «adolescente» será talvez injusto: afinal, existem muitas pessoas bastante adultas que acreditam que a política externa norte-americana desde a Segunda Guerra Mundial foi fundada numa conceção equivocada do papel dos Estados Unidos no mundo. E é verdade que todos cometemos erros — de modo que o antigo apoio do professor Chomsky a regimes que, *a posteriori*, ninguém poderia sancionar, como o de Pol Pot, não é prova de maldade. Mas os erros da política externa norte-americana também não são prova de maldade.

Isto é importante, pois é a sua capacidade de excitar não apenas o desprezo pela política externa norte-americana, mas uma viva sensação de que ela é guiada por algum tipo de conspiração criminosa, que fornece o motivo para as incessantes diatribes do professor Chomsky e a explicação da sua influência. O mundo está cheio de pessoas que desejam pensar mal dos Estados Unidos. E a maioria delas gostaria de ser norte-americana. O Médio Oriente fervilha com essas pessoas, e o professor Chomsky apela diretamente às suas emoções invejosas, bem como aos ressentimentos de líderes como o presidente Chávez, que não podem suportar a visão de uma liberdade que eles não têm a menor ideia de como produzir nem o menor desejo verdadeiro de imitar.

O sucesso gera ressentimento, e o ressentimento sem válvula de segurança torna-se um desejo de destruição. A prova disso foi oferecida a 11 de setembro e por quase todas as declarações que surgiram dos islamistas desde então. Mas os Norte-americanos não querem acreditar. Eles confiam que os outros terão o tipo de prazer no sucesso norte-americano que eles, por sua vez, têm no sucesso dos outros. No entanto, esse prazer pelo sucesso alheio, que é a grande virtude dos Estados Unidos, não se vê naqueles que a denunciam. Eles odeiam os Estados Unidos não pelos seus defeitos, mas pelas suas virtudes, que lançam uma luz humilhante sobre aqueles que não se conseguem adaptar ao mundo moderno ou tirar proveito das suas conquistas.

O professor Chomsky é um homem inteligente. Nem tudo o que diz para criticar o seu país está errado. Porém, ele é valorizado não pelas suas verdades, mas pela sua raiva, que atiça a raiva dos seus admiradores. Ele alimenta a sobranceria dos inimigos dos Estados Unidos, que alimentam a sobranceria do professor Chomsky. E, no incêndio que se segue, tudo é sacrificado, incluindo a crítica construtiva de que os Estados Unidos tanto precisam, e que os Estados Unidos — ao contrário dos seus inimigos, incluindo o professor Chomsky — estão preparados para ouvir.

Sétima parte:

O Ocidente e o resto

Em memória do Irão

(The Times, *1984*)

Quem se lembra do Irão? Isto é, quem se lembra da vergonhosa debandada de jornalistas e intelectuais ocidentais para a causa da revolução iraniana? Quem se lembra da histérica campanha de propaganda contra o Xá, dos relatos sinistros da imprensa sobre a corrupção, a opressão policial, a decadência palaciana, a crise constitucional? Quem se lembra dos milhares de estudantes iranianos nas universidades ocidentais, a absorver com entusiasmo os disparates marxistas em voga que lhes eram fornecidos por radicais de sofá, para um dia liderarem a campanha de motins e mentiras que precedeu a queda do Xá?

Quem se lembra do comportamento daqueles estudantes que mantiveram como reféns os enviados do mesmo poder que lhes proporcionara a «educação»? Quem se lembra da acusação de Edward Kennedy de que o Xá presidiu a «um dos regimes mais opressores da história» e roubou «incontáveis biliões de dólares do Irão»?

E quem se lembra da verdade ocasional que os nossos jornalistas nos permitiram vislumbrar, sobre as verdadeiras conquistas do Xá: os seus sucessos no combate ao analfabetismo, atraso e incapacidade do seu país, a sua política económica esclarecida, as reformas que poderiam ter salvado o seu povo da tirania de mulás cruéis, se lhe tivessem dado a possibilidade de as realizar? Quem se lembra da liberdade e segurança com que os jornalistas podiam vaguear pelo Irão, reunindo as intrigas que alimentariam as suas histórias extravagantes de um reino de terror?

É verdade que o Xá era um autocrata. Mas autocracia e tirania não são a mesma coisa. Um autocrata pode presidir, como o Xá procurou presidir, a um parlamento representativo, a um poder judicial

164 Contra a corrente

independente, até mesmo a uma imprensa livre e a uma universidade autónoma. O Xá, como Kemal Atatürk, cuja visão ele partilhava, considerava a sua autocracia o meio para a criação e proteção dessas instituições. Porque é que ninguém, de entre os cientistas políticos ocidentais, se deu ao trabalho de assinalar isso, ou de experimentar a teoria que nos diz para estimar não apenas o processo democrático, mas também as instituições representativas e limitadoras que ainda podem florescer na sua ausência? Porque é que ninguém nos recomendou que comparássemos o sistema político do Irão com o do Iraque ou o da Síria?

Porque é que os nossos cientistas políticos se apressaram a abraçar a revolução iraniana, apesar de ser evidente que a revolução nestas circunstâncias deva ser o prelúdio de uma desordem social maciça e um regime de terror? Porque é que a intelectualidade ocidental continuou a repetir o mito de que o Xá era o culpado dessa revolução, quando tanto Khomeini como os marxistas a planeavam há 30 anos e encontraram, não obstante as suas muitas tentativas de a pôr em marcha, um apoio popular apenas intermitente?

A resposta a todas essas perguntas é simples. O Xá era um aliado do Ocidente, cujo feito, o estabelecimento de uma monarquia limitada numa região estratégica vital, ajudara a garantir a nossa segurança, trazer estabilidade ao Médio Oriente e desencorajar a expansão soviética. O Xá cometeu o erro fatal de supor que os fazedores de opinião ocidentais o adorariam por criar condições que garantissem a liberdade deles. Bem pelo contrário, eles odiavam-no. O Xá não contava com o grande desejo de morte que assombra a nossa civilização e que leva os seus membros vociferantes a espalhar qualquer falsidade, não importa quão absurda, desde que prejudique as nossas possibilidades de sobrevivência.

Durante algum tempo, é claro, esses elementos vociferantes permanecerão calados sobre o embaraçoso tema do Irão, acreditando que o desmoronamento das instituições iranianas, a imposição do terror religioso, a expansão soviética no Afeganistão e o fim da estabilidade na região se devem a outra causa que não a revolução iraniana. Aqueles que apoiaram esta tragédia viraram simplesmente as costas e foram para outro lugar, para preparar um resultado semelhante para os povos da Turquia, Nicarágua, El Salvador, Chile, África do Sul — ou onde quer que os nossos interesses vitais possam ser prejudicados.

Sétima parte: O Ocidente e o resto   165

Decerto, agora é difícil para um correspondente ocidental entrar no Irão e, se o fizesse, a coisa não seria divertida. Ele não poderia, como os vampiros que enviaram os seus despachos de Beirute, adotar uma postura pública de herói da linha de frente. Ele teria de testemunhar, em silêncio e temendo pela vida, coisas indescritíveis: a «justiça» espontânea dos guardas revolucionários, as cenas aterradoras de violência, tortura e frenesi demoníaco, a humilhação pública das mulheres, o sacrifício diário de vidas tão jovens, que nem consciência têm do sentido pelo qual são condenadas à destruição.

Teria também de enfrentar a verdade que o encara há anos e que ele ainda poderia reconhecer, se tivesse conservado o hábito de confessar os seus erros: a verdade de que a monarquia limitada é a melhor forma de governo para o Irão, que só pode ser salvo pela restauração do sucessor legítimo do Xá. Porém, tal resultado seria do interesse não apenas do povo iraniano, mas também do Ocidente. Portanto, poucos jornalistas ocidentais deverão considerá-lo.

A lição do Líbano

(The Times, *1985*)

Aqueles que visitaram o Líbano há 20 anos lembrar-se-ão de uma comunidade florescente e próspera — embora um tanto decadente — numa região de pobreza e guerra. Chegar lá vindo da «República Árabe Unida» do Egito e da Síria, era passar da suspeita e da tirania para um governo legal, opinião livre e tolerância religiosa. Alcançar tais condições nos fragmentos desmembrados do Império Otomano nunca foi fácil. Concretizá-las num país onde cristãos e muçulmanos, maronitas, arménios e ortodoxos, sunitas, drusos e xiitas viviam lado a lado, honrosamente vinculados aos antigos costumes que os distinguem, foi um dos resultados mais notáveis dos tempos modernos de verdadeira cultura política.

Esta cultura política não teria existido se não fossem os cristãos do Líbano, que trouxeram ao governo o respeito pela lei e um espírito de negociação voluntária. Este espírito foi partilhado pelos muçulmanos sunitas, e foi do contrato feito entre estas duas comunidades que surgiu a constituição, garantindo os direitos dos cristãos e assegurando-lhes uma influência decisiva no governo. A constituição era de certa forma injusta. Mas era uma constituição e permitia a mais preciosa das conquistas políticas, ausente na maior parte da região: um Estado de direito.

Os cristãos do Líbano estão estabelecidos há muito tempo, com um direito à sua terra muito mais antigo do que o dos muçulmanos. A Igreja Maronita está em comunhão com Roma e mantém na sua liturgia a antiga língua siríaca, que foi falada por Cristo. A sua congregação está espalhada pela cidade, vila e país, por todas as classes e profissões, e por todas as posições políticas. Os privilégios que os cristãos têm desfrutado foram adquiridos pelo seu comércio e indústria, e o seu sucesso enriqueceu os seus vizinhos muçulmanos, bem como a si próprios.

Até recentemente, essas pessoas, muitas delas descendentes dos primeiros cristãos, que mantiveram viva a fé em terras bíblicas, tiveram o apoio e a simpatia de todas as nações cristãs. Quando foram ameaçados de extinção, como em 1860, o seu grito ecoou pela cristandade com uma reverberação imperativa.

Agora, tudo isso mudou. A Síria, armada pela União Soviética, governada por um único partido e obediente a um duro ditador, impôs a sua vontade ao Líbano. A Síria ocupou, e continua a ocupar, metade do país — facto que não causa comentários no Ocidente, onde apenas os desmandos de Israel são notados. Sob os auspícios sírios, a Organização para a Libertação da Palestina (OLP) foi introduzida no Líbano, com o objetivo de desestabilizar uma comunidade pacífica. As seitas muçulmanas foram separadas, primeiro dos cristãos e depois umas das outras. Estabeleceram-se campos de treino para terroristas internacionais: a área estava cheia de refugiados e de jornalistas sedentos de sangue que seguem os seus passos. E, por fim, foi provocada a invasão que, embora justificada, deveria atrair sobre Israel a ira dos *media*.

Tendo conseguido tudo isso, os Sírios descartaram a OLP, liquidaram os seus quartéis e agora, por meio de representantes mal-intencionados, caminham para uma solução final do problema levantado por um povo que dependia da sua proteção e que também fazia a sua vontade.

Ao longo destes acontecimentos, os cristãos esforçaram-se por manter a ordem legal do Líbano. Dois inimigos frustraram os seus esforços: o Estado sírio e os jornalistas ocidentais, que atuaram como a quinta coluna do poder ditatorial. É uma verdade óbvia para todos, menos para o jornalista, que a sua capacidade de relatar os problemas de um país é uma prova da virtude cívica deste. Uma verdadeira tirania exclui o jornalista do seu território, ou permite que ele entre apenas nos termos que ela mesma estipula. São precisamente essas tiranias que, agindo por procuração nos Estados livres por onde o jornalista vagueia, atraem a sua atenção por um rastro de sangue e indicam os culpados pelas mortes que ele descobre à porta do único poder que ele pode criticar com segurança.

Através desses métodos, os Sírios conseguiram convencer o público ocidental de que os muçulmanos xiitas do Líbano — incitados a uma

168 Contra a corrente

crueldade inusitada e fanatismo ignorante — são uma força importante, que exprime uma antiga queixa justificada. Ao mesmo tempo, o público aprendeu a distanciar-se dos cristãos, cujos feitos e destino deveriam ser a sua principal preocupação. Tendo estabelecido um Estado de direito e permitido a crítica, os cristãos são culpados pela ilegalidade daqueles que não reconhecem objetivos ou interesses além dos seus.

Assim, quando uma milícia cristã atacou os campos palestinianos, foi justamente condenada e uma crise política foi provocada, da qual Israel e os cristãos libaneses não conseguiram recuperar. Os mesmos campos foram posteriormente cercados por representantes xiitas da Síria e as suas populações expostas a massacres impiedosos. No entanto, nenhuma palavra é dita. Agora, não só o jornalista está excluído da sangrenta transação, como sabe que, para permanecer no seu posto, precisa da proteção dos *gangsters* responsáveis.

Um preço ainda maior seria pago pelo jornalista que relatasse com verdade o que aconteceu aos 4500 soldados cristãos libaneses detidos no campo de concentração de Mazzé, na Síria, ou aos inocentes aldeões cristãos da zona de Saida e Jezzine, agora cercada por forças apoiadas pelos Sírios, que desejam expulsá-los da terra que ocupavam desde antes do nascimento do Profeta. Entre março e abril deste ano, segundo relatos confiáveis, 60 das suas aldeias foram destruídas, 8500 das suas casas incendiadas, 12 000 pessoas ficaram sem abrigo, 80 igrejas saqueadas ou destruídas, 17 conventos arrasados e 200 pessoas assassinadas a sangue-frio.

As nações cristãs receberam muitos *casus belli* dos fanáticos muçulmanos xiitas do Líbano, e não apenas do líder que, enquanto se dedicava à expulsão da justiça da sua pátria, se regozijou com o título de ministro da Justiça. Mas, graças aos jornalistas e aos diplomatas que eles influenciam, o desafio jamais será aceite. Mesmo assim, esperemos que aqueles no Ocidente que se dizem cristãos recordem nas suas orações um povo que manteve viva, com tanto custo para si, a memória de Cristo em terras que ainda deveríamos chamar santas, se a santidade tivesse mantido o seu significado para nós.

O debate decente
não deve ser a vítima

(Daily Mail, 2006)

Ontem à noite, a BBC e o Channel 4 mostraram as agora famigeradas caricaturas de Maomé. Não há dúvida de que as suas decisões de o fazer inflamarão ainda mais os muçulmanos em todo o mundo. Mas será que a fúria compreensível que essas caricaturas provocaram significa que elas nunca deveriam ter sido publicadas ou transmitidas?

Não há uma resposta fácil. Contudo, o facto é que a nossa sociedade predominantemente cristã no Ocidente é agora tão cética em relação à religião que já não sabemos como lidar com essa amarga controvérsia. Não podemos confiar na antiquada regra da cortesia comum, que diz que devemos tratar a religião — seja a nossa ou a de outrem — com respeito, e não nos rirmos dos seus ícones nem blasfemar contra os seus deuses. A cortesia é uma mercadoria cada vez menor nas sociedades modernas e, além disso, no nosso ceticismo em expansão, nós, na Grã-Bretanha, assumimos que a religião não é mais do que um brilho superficial da vida, tão fácil de descartar para um muçulmano quanto para alguém criado nas crenças cada vez menores da Europa. E, quando de repente vemos que a nossa atitude superficial pode ofender a própria alma da comunidade muçulmana, corremos a desculpar-nos, tentando aprovar leis estúpidas e draconianas, como a manta de retalhos designada Lei da Raça e do Ódio Religioso, que foi justamente atacada na Câmara dos Comuns na terça-feira. E, ao fazê-lo, preparamo-nos alegremente para descartar os legados mais importantes da nossa civilização, incluindo a liberdade de expressão e o debate aberto, simplesmente porque não tivemos a cortesia de os usar com sabedoria.

170   Contra a corrente

Desta forma, a nossa sociedade dá um passo em direção ao totalitarismo, ao mesmo tempo que silencia o debate que mais precisa de ter agora — o debate sobre os termos em que muçulmanos, cristãos, judeus e ateus podem coexistir como cidadãos. Claro que foi errado publicar essas caricaturas — tão errado quanto seria publicar uma caricatura da Virgem Maria de biquíni, ou de Cristo agarrado a Madalena. Por outro lado, a religião cristã é rotineiramente exposta a esses insultos. Relatos blasfemos da vida de Cristo ganham prémios nos festivais de cinema, imagens da cruz em conserva de urina, ou da Virgem composta de esterco de elefante são produtos nada surpreendentes da *Young British Art*. E embora estas coisas nos choquem e as rejeitemos com tristeza e desgosto, não clamamos por vingança contra os seus perpetradores. Nem acreditamos que a lei deva puni-los. Talvez porque a nossa crença religiosa é agora demasiado fraca para se inflamar em nós. Mas também é uma lembrança de que vivemos numa sociedade podre de desrespeito.

O remédio deve chegar lembrando as pessoas das regras de bom comportamento. Precisamos de perceber que ícones e rituais são coisas sagradas, e que é nosso dever respeitá-los, mesmo quando — especialmente quando — os consideramos ridículos. Essa disciplina é dura, e confesso que muitas vezes a ignorei. Porém, é a pré-condição da coexistência pacífica. Tal não significa que não devamos criticar a religião de outra pessoa ou mencionar as verdades desagradáveis sobre os seus seguidores. Pelo contrário, não pode haver conciliação entre a cultura muçulmana e cristã se rodearmos todos os pontos de desacordo com um véu de silêncio assustado. Tenho vergonha de que os cristãos tenham estabelecido a Inquisição, saqueado Constantinopla e a Terra Santa e imposto sistemas coloniais de governo em terras muçulmanas.

Espero que os muçulmanos me interpelem sobre essas coisas, e sei que devo estar preparado para as discutir e mostrar, se puder, que são afastamentos da mensagem cristã.

Mas os muçulmanos devem retribuir. O assassínio, a pilhagem e a conquista também fizeram parte do seu legado, e precisamos urgentemente de os ouvir reconhecer esses crimes e também os repudiar como violações da sua fé. O objetivo do debate não é marcar pontos, mas lembrar uns aos outros da nossa humanidade comum e das suas imperfeições, e a necessidade de cortesia e respeito se quisermos viver juntos como cidadãos. Embora fosse errado publicar e transmitir caricaturas que todos os muçulmanos considerariam ofensivas, isso também era compreensível.

Não podemos fechar os olhos ao facto de que os bombistas suicidas de Londres eram muçulmanos que se viam como *mujahidin*, promovendo a causa da sua fé. Se um cristão fizesse rebentar espectadores inocentes como parte de uma cruzada contra os pagãos, sem dúvida veríamos caricaturas de Cristo com um fusível ligado e cruzes transformadas em punhais. Os cristãos também se ofenderiam. Mas, se respeitarmos os ícones, os rituais e os textos sagrados da fé de outra pessoa, podemos, sem ofender, fazer até as perguntas mais íntimas sobre a sua verdade e o seu registo moral. De facto, se olharmos para as obras dos filósofos islâmicos ao longo dos séculos, encontraremos um interrogatório igualmente intenso da fé — conduzido sob leis estritas de respeito ao nome e à pessoa de Maomé, mas expondo cada artigo de fé a interrogatório racional. Na filosofia cristã, também encontramos uma tradição semelhante de investigação crítica, bem como no Talmude judaico.

Educação e decência são uma segunda natureza para qualquer pessoa verdadeiramente educada nos ensinamentos do Alcorão, tal como outras virtudes, que estamos a perder nas sociedades cristãs modernas: o respeito pela sacralidade da vida, a temperança, o cuidado com os idosos e os valores familiares. O declínio da fé cristã neste país andou de mãos dadas com a perda desses valores. E esta é uma razão pela qual os cristãos precisam de debater a sua fé com os muçulmanos, para perceber onde diferem e redescobrir as virtudes que partilham.

Enquanto este debate for silenciado por leis draconianas, seremos tentados a ver a *jihad* escrita em cada rosto muçulmano, e os muçulmanos verão a ignorância moral escrita nos rostos daqueles que não compartilham da sua fé. O remédio para isso não é proibir a discussão, mas promover a cortesia que torna a discussão possível.

A maneira errada de tratar
o presidente Putin

(Forbes, 2014)

Com uma cegueira característica quanto à sua situação real, a União Europeia respondeu à tomada da Crimeia impondo «sanções» à hierarquia russa. Os chefes da máfia que rodeiam e dependem do presidente Putin já não podem viajar para as suas *villas* na Toscana ou levantar dinheiro das suas amplas contas bancárias europeias. Amantes desoladas ficarão meses a fio por visitar em hotéis de luxo, a menos que convidem algum eurocrata no restaurante em baixo. As mansões em Mayfair permanecerão fechadas até que o estuque comece a ceder, e clubes de futebol e corridas de cavalos em dificuldades procurarão em vão por um comprador. Que isso faça a menor diferença para a política externa expansionista da Rússia é uma ilusão de ingenuidade impressionante. Mais importante, porém, é o profundo desconhecimento da história que essa medida revela.

Recordemos então o desmoronamento da União Soviética no tempo do astuto Sr. Gorbatchov. Porque é que, de repente e sem aviso prévio, a elite soviética abandonou as rédeas do poder e silenciosamente se afastou do governo? A resposta é simples: porque era do seu interesse fazê-lo. Graças à estratégia do presidente Reagan e da NATO, tornou-se evidente que não seria possível confiscar à força os bens que estavam a oeste do Império Soviético. Mas, também se tornou claro que a força já não era necessária. Durante 70 anos, a União Soviética construíra um sistema de espionagem e banca clandestina que essencialmente conferia à elite do KGB uma liberdade de movimentos mais ou menos completa no continente europeu e um sistema seguro de finanças privadas. Já em 1989, os oficiais de alto escalão que tomavam as principais decisões possuíam propriedades no Ocidente e haviam transferido para as suas contas bancárias na Suíça a sua parte dos ativos roubados ao povo russo ao longo de décadas.

Perceberam então que o processo poderia ser concluído sem nenhum custo extra. Ao privatizar a economia soviética para si próprios e adotar uma máscara de governo democrático, a elite passou do comunismo para o ramo das celebridades. Eram agora cidadãos livres do mundo que podiam viajar, possuir propriedades, sacar os seus biliões roubados e jogar com as suas equipas de futebol particulares. Que estúpidos tinham sido aqueles anos todos, a alinhar com o legado da paranoia comunista e a acreditar que o seu papel como machos alfas dependia de ameaçar, invadir, subverter e atormentar, quando tudo aquilo podia ser conquistado só com simpatia!

Então, que aconteceu? Com algumas pistas de Gorbatchov, o KGB percebeu a mensagem. Privatizar o seu próprio pedaço da economia soviética e, se necessário, prender os concorrentes por evasão fiscal. Retirar um salário vitalício da sua parte dos bens roubados. Garantir a sua mansão em Londres, a sua conta na Suíça e o seu iate no Mediterrâneo, e fingir ser um empresário, com interesses em gás e petróleo. Seguir uma carreira de ascensão social e aventura erótica no Ocidente e deixar que as antigas monocidades da Rússia se desfaçam em pó.

Claro, era um espetáculo impróprio, embora não tão impróprio que a elite alemã ficasse repugnada por ele. Longe disso, ao convidar o ex-chanceler alemão Gerhard Schröder para o conselho da Gazprom, Putin tornou os sociais-democratas alemães participantes do jogo. Por toda a Europa, a elite do KGB foi capaz de cobrar favores e abrir o seu caminho com dinheiro numa sociedade já apodrecida por transações ilícitas. E o resultado, se bem que inegavelmente repulsivo, não é pior do que a situação anterior, na qual a mesma elite manteve o poder oprimindo o povo russo, encarcerando a Europa de Leste e provocando conflitos violentos em todo o mundo.

Portanto, qual será o efeito das sanções propostas? Note-se que elas visam indivíduos, não o Estado russo. Elas são expressamente concebidas para aprisionar novamente os oligarcas russos no país que arruinaram, e do qual escaparam com suspiros flatulentos de alívio há um quarto de século. Seria uma estratégia viável se a União Europeia tivesse meios militares para conter os oligarcas atrás da fronteira russa. Essa foi a estratégia do presidente Reagan, que Obama abandonou

174 *Contra a corrente*

quando resolveu não prosseguir com o sistema de defesa antimísseis que havia sido proposto para a Europa de Leste e que, de qualquer forma, nunca teve o apoio incondicional da França ou da Alemanha.

Assim, estamos de regresso onde começámos: um poderoso jardim zoológico de machos alfas a rosnar, confinados atrás de grades que cederão ao primeiro empurrão determinado. E é apenas uma questão de tempo até que os empurrões comecem. A paz entre a Rússia e o Ocidente foi garantida quando o interesse próprio dos oligarcas russos o exigiu. Mas já não é tão claro que a paz lhes interesse, e supor que respeitarão os interesses de mais alguém é mostrar uma espantosa indiferença pela sua história recente.

Porque é que o Iraque é uma causa perdida

(Forbes, 2014)

Em 1915, dois diplomatas menores, o inglês Sir Mark Sykes e o francês François George-Picot, começaram a negociar a divisão do Império Otomano, que havia entrado na Grande Guerra ao lado da Alemanha. Em 1916, o acordo Sykes-Picot foi assinado pela França, Grã-Bretanha e Rússia. No final da guerra, a Rússia estava fora do jogo, após a Revolução Bolchevique, e Atatürk estava ocupado a salvar o resto de língua turca do Império Otomano. A Grã-Bretanha e a França tiveram carta-branca para dividir as terras árabes entre si. Elas traçaram linhas de fronteira esquisitas, supostamente correspondentes às «nações» da região. Nomearam mesmo soberanos para algumas delas, recorrendo a um banco de pretendentes árabes, entre os quais a tribo hachemita era preeminente. E administraram esses territórios sob um «mandato» concedido pela Liga das Nações.

Dos novos Estados-nações, apenas o Líbano e o Egito tinham algumas reivindicações reais de identidade nacional. Ambos tinham grandes populações cristãs — no Líbano, possivelmente, a maioria. E ambos tinham uma longa história de desafio ao sultão em Istambul. Deveria ser óbvio que os outros territórios da região — que hoje conhecemos como Iraque, Síria, Jordânia e Palestina — não eram nações nem Estados viáveis, mas simplesmente lugares no mapa. O Iraque foi formado por uma população dividida entre uma maioria xiita e uma minoria sunita, com uma dispersão considerável de cristãos e uma grande população de sunitas de língua curda. As suas fronteiras, como as da Síria, tinham pouca base histórica e — com exceção dos Curdos, que são ferozmente nacionalistas — o povo iraquiano

176 Contra a corrente

definia-se através da sua fé, e não no que se referia à sua identidade nacional.

Nós, no Ocidente, herdámos uma forma de identidade que é amplamente desconhecida no mundo árabe. Identificamo-nos relativamente ao nosso país e à sua lei. Essa lei é secular, feita pelo homem e mutável. Devemos lealdade à nação e incluímos na nação pessoas de diferentes religiões e diferentes laços familiares. No mundo árabe, as pessoas, de uma maneira geral, não se identificam dessa maneira. Os muçulmanos sunitas têm um fraco apego ao território e uma relutância evidente em se acharem ligados a vizinhos de fé diferente por obrigações vinculativas. A lei secular do Estado-nação tem apenas uma autoridade vacilante para eles, uma vez que se consideram governados por outra lei eterna, estabelecida por Deus pela boca do Profeta. A sua língua é uma língua universal, não ligada a nenhum território específico, e a sua fé é uma fé universal, que lhes diz que não pertencem a nenhum lugar ou tempo particular, mas à *umma*(¹) universal dos fiéis. Por outras palavras, a sua fé confere-lhes uma identidade que não é uma identidade nacional e que é de facto incompatível com a lei secular e as fronteiras nacionais.

Por conseguinte, não é de surpreender que lugares como o Iraque e a Síria tenham sido lugares de conflito constante, estáveis apenas quando algum oficial do exército usurpador, ou dinastia implacável, conseguiu assumir o controlo, como aconteceu com Saddam Hussein no Iraque, e Hafez al-Assad na Síria. Ambas as desagradáveis personagens mantiveram o controlo por meio do partido Ba'ath («Ressurreição»), moldado nos princípios leninistas e que exerceu um controlo terrorista sobre o povo, através das operações da polícia secreta. Ambos os países não tinham oposição legal ou um verdadeiro Estado de direito. Era natural que entrassem em conflito com os seus vizinhos e com o mundo.

Mas foi aí que tudo correu mal. O presidente George W. Bush imaginou que, ao depor Saddam, abriria o caminho para um Iraque novo e democrático. Isso era fazer duas suposições incrivelmente ingénuas: primeiro, que a democracia é a posição padrão na política e, segundo, que se pode alcançar a democracia mesmo onde não há um Estado--nação genuíno.

A história diz-nos que a posição padrão na política é a tirania assombrada por sacerdotes, e que a democracia é alcançada apenas

---

(¹) A comunidade de todos os muçulmanos do mundo, assente na religião e na razão, onde a todos é idealmente concedido o mesmo estatuto por Deus. [N. do T.]

Sétima parte: O Ocidente e o resto 177

por enormes esforços e geralmente não sem longos períodos de guerra civil, como as que marcaram o século XVII inglês ou o século XIX norte-americano. A democracia acontece quando as pessoas depõem as armas e concordam em viver umas com as outras sob determinados termos, negociando com aqueles de quem não gostam por um quinhão da ação. Um democrata é uma pessoa que concorda em ser governada por alguém de uma fé diferente, uma tribo diferente, uma família ou grupo de interesses diferente, uma visão do mundo diferente. Que torna possível um democrata? A resposta é: a nação. Quando definimos a nossa lealdade nacionalmente, podemos deixar de lado todas as diferenças de religião, tribo e etnia e submeter-nos a um sistema de lei comum. Participamos da elaboração dessa lei e concordamos em nos vincular a ela, porque é a nossa lei, que atua sobre o território que é nosso. Fizemos um lar juntos e deixámos de lado as nossas divisões para nos estabelecermos lado a lado.

Esse processo nunca ocorreu no mundo árabe ou, se ocorreu, foi apenas em instâncias frágeis e instáveis, como o Líbano. A suposição de que, porque o Iraque existe no mapa, existe como um Estado-nação, com uma verdadeira identidade nacional, e que os Iraquianos defenderão a sua nação e lutarão pela sua existência — essa suposição era e é claramente ridícula. Assim que o ISIS apareceu no horizonte, os soldados iraquianos abandonaram as suas armas e uniformes e regressaram em fuga para as suas aldeias nativas. Eles comportaram-se como um exército mercenário recrutado por uma potência estrangeira. Que é essencialmente o que eram. É claro que lutarão pela sua religião — mas a sua religião separa-os precisamente de outros iraquianos e não pode servir como uma força unificadora.

Apenas uma comunidade no Iraque respondeu como responderíamos à invasão do ISIS, e essa é a comunidade curda, que conseguiu criar uma região semiautónoma. Por que razão? Certamente, a resposta é clara. Ser curdo é uma questão de língua, história e uma reivindicação ancestral de território. É uma identidade protonacional, e não religiosa. Portanto, quando os Curdos lutam, eles lutam pelo seu país e não pela sua fé. E um Curdistão emergente talvez seja o único fragmento pacífico desse Iraque feito na Grã-Bretanha e nos Estados Unidos. Esperemos que se torne num aliado do Ocidente na região, pois será, provavelmente, o único aliado que temos.

Oitava parte:

Corrupção cultural

A arte da manutenção de motocicletas

(The Times, *1984*)

As pessoas precisam de coisas, quase tanto quanto as coisas precisam de pessoas. O momento crítico do seu apoio mútuo é o momento da avaria. De repente, o objeto do qual tudo dependia — o carro, a caldeira, o ralo ou o *smoking* — está inutilizável, e contemplamos a sua traição com impotente incredulidade. Demora um pouco até superarmos suficientemente a nossa autocomiseração para reconhecermos que a necessidade dele é maior do que a nossa. Mas onde procuramos a pessoa que nos há de ajudar? Esta pergunta, a mais cansativa enfrentada pelo homem civilizado, é feita constantemente pela minha mota pateticamente dependente.

Houve um tempo em que tudo o que era utilizável também era reparável: cadeiras, sofás, carrinhos, chapéus, acordeões, tapetes, tudo estava em estado de fluxo, à medida que novos defeitos se revelavam e novos remendos eram afixados para os cobrir. Os objetos entravam no mundo dos utilizadores humanos apenas para passarem imediatamente do Ser ao Devir.

A reparação não era tanto um hábito, mas um costume honrado. As pessoas respeitavam o passado das coisas danificadas, restauravam-nas como se curassem uma criança, e olhavam para a sua obra satisfeitas. No ato da reparação, o objeto era refeito, para ocupar a posição social do estragado. Os sapatos gastos iam para a bigorna, as meias furadas e as mangas desfiadas para o ovo de passajar — aquele objeto peculiar em forma de cogumelo que estava sempre pronto sobre a lareira.

O hábito da reparação não se limitava ao lar. Cada cidade, cada aldeia tinha o seu sapateiro, o seu carpinteiro, o seu carpinteiro de

182   Contra a corrente

carros e o seu ferreiro. Em cada comunidade, as pessoas apoiavam os reparadores que, por sua vez, apoiavam as coisas. E os nossos sobrenomes testemunham a honra em que eram tidas as suas ocupações. Mas para onde foram essas pessoas que garantiam a simpatia dos objetos? Com grande dificuldade, ainda conseguimos encontrar um sapateiro — mas, pelo preço do seu trabalho, poderíamos provavelmente comprar um par de sapatos novo. Pelo custo de quinze relógios digitais, às vezes, podemos encontrar alguém que conserte a mola principal do relógio do nosso avô.

A verdade é que a reparação, como toda a atividade social séria, tem o seu espírito característico, e, quando esse espírito se perde, nenhuma quantidade de trabalho às três pancadas pode compensá-lo. A pessoa que conserta deve amar o objeto avariado, e deve amar também o processo de reparação e tudo o que a este diz respeito. O automóvel moderno não é objeto de reparação, mas de «serviços pós-venda», eufemismo que implica que só a empresa que o fabricou pode restaurá-lo, segundo procedimentos próprios especializados e com vista a assegurar de que nunca será novamente «tão bom como novo».

O que me faz regressar ao meu tema. Aqui e ali, ainda podemos encontrar lugares onde o espírito da reparação persiste, e onde não seremos postos de lado com desprezo, apenas porque o nosso veículo é de um modelo, um ano ou um carácter que está fora da diretiva de algum fabricante. Em Ladbroke Grove, um desses lugares ainda sobrevive, testemunho peculiar de valores em declínio, no meio da praga do planeamento urbano de Kensal Town. Apenas o nome — Hamrax Motors, Ltd., em letras plásticas amarelas — parece unir este pequeno terraço vitoriano ao mundo em seu redor.

No entanto, acima da máscara clássica arruinada da loja, está afixado um letreiro mais antigo — uma placa esmaltada em azul real, com o título «Imperial Motors» — e por baixo dela, na montra, uma revelação extraordinária de costumes antigos. Onde esperaríamos a extravagância cromada da mais recente boia de carburador do Japão, ou os adereços polidos de um devaneio de fetichista, encontramos apenas torções de arame inexplicáveis, fusíveis empoeirados, pilhas desordenadas de rodas dentadas, touches hidráulicos, porcas do eixo e contrapinos. Lá dentro, no interior profundo, prateleiras e mais prateleiras de caixas de papelão sujas, todas rotuladas com algum hieróglifo e todas a transbordar de pequenas peças metálicas.

Oitava parte: Corrupção cultural   183

No balcão acanhado desta loja, estão reunidos homens de todos os cantos da Inglaterra: aceleras de Watford com pneus cravejados, entusiastas das motocicletas *Sunbeam*, de gabardina, vindos das profundezas de Devon, corredores solitários chegados do País de Gales em motas feitas por sua alta recreação. Com paciência infinita, a necessidade excêntrica de cada um é atendida: um elo de corrente para uma antiga *Matchless* de cilindro único será procurado com tanto interesse quanto uma caixa de velocidades completa para a *Kawasaki* do ano passado. Na verdade, quanto mais abstruso e intrincado o trabalho, melhor o pessoal o acolherá, e os problemas de reparação despertam um interesse proporcional não ao seu lucro, mas à sua raridade.

A Hamrax Motors consiste em três casas geminadas, e cada canto do seu interior escuro é destinado ao armazenamento de peças de motocicletas, que são empilhadas em prateleiras e penduradas nas paredes como oferendas votivas. Para chegar à oficina, temos de sair da loja e descer um lanço de degraus de pedra debaixo de um arco. Este pormenor arquitetónico tocante, que dantes dava emoção à rua em baixo, tipifica a grandeza plena de sombras dos bairros degradados vitorianos. Infelizmente, a mania da higiene e da justiça social não deixou nada de pé, excetuando apenas o tecido remendado da própria Hamrax, sustentado pelo espírito vital do conserto e pela sensação de que a mota de um inglês é o seu cavalo.

Templos da ansiedade

(The Times, *1985*)

Desde o iluminismo, o homem ocidental tem sido vítima da perniciosa superstição (como a chamou Dean Inge) do «Progresso». Ele dispôs-se a acreditar que todos os assuntos humanos estão sujeitos a um princípio de melhoria e que, por isso, nenhuma instituição ou prática deve perdurar.

É razoável acreditar que a ciência, nas condições certas, avançará continuamente. E com o avanço da ciência vem o domínio constante da natureza, o aperfeiçoamento da tecnologia e a conquista da doença. Porém, o avanço científico é precário. Depende de instituições, como as universidades, que devem a sua existência à sabedoria de épocas extremamente não-progressistas, e a sua longevidade a um capital espiritual que estão sempre a gastar e que raramente substituem. Além disso, todo o avanço científico é pago por um recuo simultâneo, à medida que nos esforçamos para nos proteger das consequências imprevistas das nossas experiências presunçosas.

No entanto, enquanto puder florescer, a ciência é inerentemente progressista. A superstição está na crença de que o que é verdade para a ciência é verdade para todos os outros empreendimentos humanos — para a política, moralidade, religião e arte. Nessas atividades, que dependem de uma sensibilidade intuitiva à vida e à felicidade, podemos experimentar um declínio, exatamente quando triunfa o pensamento progressista, pois então, o instinto firme dá lugar à especulação infundada, e a disciplina cuidadosa à liberdade de escolha descontrolada.

No campo da estética, o resultado foi catastrófico. Arte, artesanato e decoração foram todos submetidos a uma busca tirânica da novidade.

Oitava parte: Corrupção cultural 185

Casos em que as gerações anteriores se contentavam em aceitar pacientemente soluções transcritas para problemas recorrentes, lançámo-nos, com júbilo e ignorância, noutra rota, imaginando que a nossa ciência superior é também uma sabedoria superior e que a nossa realização técnica é um substituto para a arte.

Um exemplo é a cabina telefónica, projetada por Giles Gilbert Scott, arquiteto da Catedral Anglicana de Liverpool. A conhecida caixa vermelha é uma das últimas criações de uma tradição disciplinada, cujos produtos também incluem a fábrica gótica, o clube Palladian, o vagão *Pullman* e a camisa *Bombay*. A ideia dominante desta tradição tem sido a estabilidade: certas formas, materiais, pormenores e cores têm autoridade para nós. Portanto, é com base neles que devemos escolher as fachadas que mascararão o mais recente e horripilante avanço da ciência, e assim integrá-la na vida que ela ameaça.

Em cada aldeia inglesa, há um objeto que se destaca como o foco principal da atenção do viajante e a representação adequada do governo estável sob cujo manto ele viaja. Esse objeto é a cabina telefónica: uma estrutura de ferro fundido em vermelho imperial, de contorno clássico, mas com uma interessante sugestão de marotice da Bauhaus na sua fenestração. Assente sobre um ligeiro plinto, e com as proporções adequadas a uma base de coluna, é encimado por um suave frontão, sob o qual um painel de vidro opalescente, iluminado por trás, faz uma espécie de cornija, com a palavra «telefone» em sóbrias letras clássicas. A porta, dividida em três partes pelos seus pinázios, tem um puxador de latão engastado na moldura de ferro fundido, e sobre a cornija está gravada uma pequena coroa, símbolo da identidade nacional e promessa de Governo duradouro. Essa forma revelou-se tão adequada às ruas, campos e vilarejos da Inglaterra que agora aparece nas paisagens de neve dos cartões de Natal, ao lado da torre gótica, da cabana de empena e do portão de cinco barras. Somente o que é genuinamente amado pode ser submetido a tal degradação.

No entanto, a British Telecom ameaçou substituir esses marcos familiares por misturas bárbaras de aço e alumínio do tipo que se vê em Nova Iorque. Em certo sentido, isso é justo, visto que o telefone atesta a realidade moral do Progresso. Os seres humanos nunca foram destinados a separar-se tanto daqueles que amam ao ponto de sentirem prazer nas suas vozes desencarnadas. Eles nunca foram destinados a conduzir os seus negócios tão rapidamente que as cartas deixassem de ser eficazes. Eles nunca foram destinados a levantar-se de um pulo ao

186 *Contra a corrente*

toque de uma mera máquina, ou dar a esta primazia sobre qualquer contacto humano.

O telefone é o recipiente da ansiedade. Ao mesmo tempo, por isso, as cabinas são realmente templos, dedicados a uma divindade governante. O cheiro a cinzas de um cigarro velho e do ferro enferrujado tornou-se, para nós, como o cheiro de incenso — o registo de momentos longos e sagrados, em que a deusa Ansiedade chegou a nós com uma preocupação pessoal. Ter confinado um deus tão cruel dentro de um templo tão agradável não é a proeza mais perversa do conceito clássico de design. Ao mesmo tempo, o fardo do Progresso foi aliviado. A cabina tradicional torna a adoração da Ansiedade uma característica familiar da paisagem inglesa — tão familiar quanto a torre gótica ou a reitoria gregoriana.

Por isso, devemos insistir em que as cabinas telefónicas sejam consideradas edifícios na aceção das Leis de Ordenamento da Cidade e do Território. Como outro templo qualquer, elas devem estar sujeitas a ordens de conservação, porquanto, embora não importe muito a aparência de uma cabina telefónica em Birmingham, onde os arquitetos modernos já fizeram o seu trabalho, ela ainda importa no largo de uma aldeia, numa encosta ou numa charneca.

O culto moderno da fealdade

(Daily Mail, 2009)

Quando a BBC me propôs fazer um filme sobre a beleza, o meu primeiro instinto foi apresentar todas as maravilhosas obras de arte e música, os magníficos edifícios e paisagens, a gloriosa variedade de animais e pássaros, que iluminaram a minha vida. Partilhar com os outros essas coisas que eu amo, certamente traria prazer e conhecimento ao meu público, bem como consolo para mim — pois, quando as pessoas compartilham coisas que valorizam, elas também são consoladas. Mas, enquanto trabalhava no guião, preocupava-me constantemente o pensamento de que a beleza parece já não ter o significado que antes tinha.

Na era moderna, estamos cercados pela fealdade feita pelo homem. E os artistas, que costumavam dedicar os seus esforços à idealização da forma humana, a registar os encantos da natureza e a trazer ordem e beleza às nossas dores, já não se interessam por essas tarefas. As galerias de arte contemporânea estão repletas de escombros da vida moderna, com figuras sub-humanas projetadas propositadamente para rebaixar e profanar a imagem humana e com instalações ridículas que nada significam.

Não existe lugar em que esse deslize para a fealdade seja mais aparente ou mais intrusivo do que nos centros desolados das cidades produzidos por arquitetos modernos. No programa, decidi que deveria mostrar um desses terrenos baldios, e assim, levei a equipa de filmagem comigo para Reading, a cidade à sombra da qual cresci. Ao olhar em redor do centro, nada reconheci do que conhecia. As encantadoras ruas com terraços vitorianos, elegantes edifícios públicos e hotéis chiques tinham desaparecido. No seu lugar, havia enormes lajes de

188   *Contra a corrente*

betão cinzentas. O ambiente acolhedor do antigo centro da cidade fora substituído por edifícios considerados «úteis». E o facto mais impressionante — que imediatamente decidi que deveria formar o tema do meu filme — era que esses edifícios «úteis» eram, na verdade, totalmente inúteis. Construídos para comportar prédios de escritórios, um centro comercial, uma rodoviária e estacionamentos, agora estavam fechados com tábuas e em ruínas. As paredes estavam cobertas de *graffiti* e as portas e janelas vandalizadas — embora eu não leve a mal aos vândalos terem concluído o trabalho que os arquitetos começaram.

O que aconteceu a Reading aconteceu a Birmingham e a Coventry, a Newcastle, Liverpool e Leeds e a uma centena de outras cidades outrora belas — a demolição maciça de ruas agradáveis e a sua substituição por edifícios considerados funcionais, os quais perderam a sua função numa questão de anos. A verdade é que há uma profunda necessidade humana de beleza, e, se ignorarmos essa necessidade na arquitetura, os seus edifícios não durarão, pois as pessoas nunca se sentirão em casa neles. Com efeito, na parte decadente de Reading que visitei, os únicos seres em casa eram os pombos que emporcalhavam as calçadas.

Este triunfo da «função» sobre a forma nas últimas décadas desumanizou as nossas vilas e cidades. Mas não é apenas a arquitetura que se afastou da beleza. A arte contemporânea tornou a fealdade num culto, e os artistas disputam entre si o jogo de expor o rosto humano e arremessar-lhe esterco. Nem todos os artistas, é claro: ainda há arte bonita hoje, como sempre houve. Porém, tal arte permanece abaixo do horizonte do patrocínio oficial.

A arte oficial hoje é a arte patrocinada e encorajada por pessoas como o rico colecionador Charles Saatchi, que defendeu Damien Hirst e os seus cadáveres de vacas, vitelos e tubarões em conserva. É a arte preferida do diretor da Tate, Nicholas Serota — não uma idealização da vida, mas uma das ramificações sórdidas da vida, como a famigerada *My Bed*, de Tracey Emin, instalação de uma cama desfeita, com preservativos, cuecas e garrafas de vodca vazias.

Não devemos pensar que essas mudanças no mundo da arte — que foram paralelas, também, nos mundos da música e da literatura — não têm importância. O que vemos, ouvimos e lemos afeta-nos no mais fundo do nosso ser. A partir do momento em que começarmos a celebrar a fealdade, tornamo-nos feios também. Assim como a arte e a arquitetura se degradaram, as nossas maneiras, os nossos relacionamentos e a nossa linguagem tornaram-se grosseiros.

Sem a orientação oferecida pela beleza e pelo bom gosto, dificilmente nos relacionamos de maneira natural ou graciosa. A própria sociedade torna-se fraturada e atomizada.

Esse afeamento oficial do nosso mundo é obra das elites de torres de marfim das classes liberais — pessoas que têm pouca simpatia pelo modo como o resto de nós vive e que, com a sua mania de modernização, ficam felizes em desfazer convicções que durante milénios passaram o teste do tempo.

O que eles esquecem é que as pessoas comuns anseiam por beleza como sempre ansiaram, pois a beleza é a voz do conforto, a voz do lar.

Quando uma bela melodia, uma paisagem sublime ou uma passagem de poesia requintada nos surge diante dos sentidos e da mente, sabemos que estamos em casa no mundo. A beleza é a voz que nos apazigua, a certeza de pertencermos a outros, a um lugar de partilha e consolação. Em contraste, a arte e a arquitetura feias de hoje dividem a sociedade em vez de a unir. Escrito em grande parte dela, está a palavra «eu». A beleza não é popular entre os arquitetos profissionais — ela revela um recuo das pretensões «artísticas», em benefício de pessoas que eles não precisam de conhecer.

As imagens de brutalidade e destruição na arte moderna, as histórias de modos de vida depravados e repugnantes nos romances de hoje, a música violenta e angustiante da nossa época — tudo isso são formas de egotismo, maneiras pelas quais pessoas insignificantes chamam a atenção para si ao manterem-se ostensivamente à parte da maioria de nós que anseia por beleza. Com o passar das décadas, isso produziu cansaço e brutalização na sociedade, mas continua a receber o apoio dos críticos. E, hoje, para ganhar o favor dos críticos, devemos evitar fazer algo de bonito.

Isso desafia a história. Devemos aos deuses pagãos da Antiguidade as representações mais sublimes da forma humana. Maravilhamo-nos com aquelas estátuas de Apolo e Vénus que adornavam os templos antigos. A nossa tradição de pintura deve-se à Igreja e aos ícones que iluminaram a adoração cristã. Não é preciso ser um crente religioso para apreciar o êxtase de uma Madona de Bellini ou Rafael, ou a tranquilidade de um templo de Buda.

Através de tanta da existência humana, a arte santificou o mundo, mesmo aos olhos de quem não tem fé religiosa. E, quando a revolução científica do século XVII pôs em dúvida a antiga ideia cristã de um Universo centrado em Deus, os artistas procuraram renovar a

190 *Contra a corrente*

sua fé por meio da beleza que os cercava nas paisagens da natureza. No entanto, à medida que a sociedade se tornou mais urbana e menos religiosa, o culto da fealdade estabeleceu-se. Que isso tenha ocorrido num momento de prosperidade sem precedentes não pode ser coincidência. A arte moderna feia é produzida pelos filhos mimados do Estado democrático, que nunca tiveram de lutar, que não conheceram a guerra e que se acolheram na mais tenra idade ao regaço do luxo.

Talvez possamos viver com o lixo deles — afinal, não precisamos de frequentar os museus e as galerias onde ele está exposto. Porém, a arquitetura moderna é inevitável. É quando deparamos com esses edifícios vastos e supostamente funcionais que mais sentimos intensamente a necessidade de beleza. Sem ornamento, grandeza, estilo ou dignidade, um edifício é para nós opaco. Não conseguimos orientar-nos por ele. Nada parece encarar-nos, acenar-nos, dar-nos as boas-vindas. Quando entramos num edifício desses, ficamos imediatamente perdidos. Aqui, devemos notar o contraste das antigas estações ferroviárias como Paddington e St. Pancras. A arquitetura é nobre, serena, íntegra. Os espaços abrem-se à nossa frente. Tudo é escolhido com pormenores ornamentais. Ali, estamos em casa e não temos dificuldade em encontrar a bilheteira, o cais ou o caminho entre as multidões.

Termino o meu filme com uma homenagem a St. Pancras — uma interpretação do sublime *Stabat Mater* de Pergolesi, cantado maravilhosamente nos grandes espaços abobadados daquele esplêndido edifício antigo, tornado novamente útil pelo Eurostar. Útil e amado, porque é bonito.

A alta cultura está a ser corrompida por uma cultura de falsificações

(The Guardian, *2012*)

Uma alta cultura é a autoconsciência de uma sociedade. Ela contém as obras de arte, literatura, erudição e filosofia que estabelecem um quadro de referência comum entre as pessoas educadas. A alta cultura é uma conquista precária e só perdura se for sustentada por um sentido de tradição e por um amplo apoio das normas sociais que a rodeiam. Quando essas coisas se evaporam, como inevitavelmente acontece, a alta cultura é substituída por uma cultura de falsificações.

Falsificar depende de uma medida de cumplicidade entre o agressor e a vítima, que juntos conspiram para acreditar no que não acreditam e para sentir o que são incapazes de sentir. Existem falsas crenças, falsas opiniões, falsos tipos de conhecimento. Existe também a emoção falsa, que surge quando as pessoas degradam as formas e a linguagem em que o sentimento verdadeiro se pode enraizar, de modo que já não estão plenamente conscientes da diferença entre o verdadeiro e o falso. O *kitsch* é um exemplo muito importante disso. A obra de arte *kitsch* não é uma reação ao mundo real, mas uma contrafação concebida para o substituir. No entanto, produtor e consumidor conspiram para se persuadir mutuamente de que o que sentem na obra de arte *kitsch* e através dela é algo profundo, importante e real.

Qualquer pessoa pode mentir. Basta ter a intenção necessária — por outras palavras, dizer algo com a intenção de enganar. Falsificar, por outro lado, é um feito. Para falsificar coisas, temos de iludir as pessoas, inclusive nós mesmos. Portanto, num sentido importante, falsificar

192   Contra a corrente

não é algo que possa ser intencional, mesmo que ocorra por meio de ações intencionais. O mentiroso pode fingir ficar chocado quando as suas mentiras são expostas, mas o seu fingimento é apenas uma continuação da sua estratégia de mentir. O falsificador fica realmente chocado quando é exposto, pois criou em torno de si uma comunidade de confiança da qual ele próprio era membro. Entender esse fenómeno é, parece-me, essencial para compreender como funciona uma alta cultura e como ela pode ser corrompida.

Interessamo-nos pela alta cultura, porque estamos interessados na vida da mente, e confiamos a vida da mente a instituições, porque isso é um benefício social. Mesmo que só poucas pessoas sejam capazes de viver plenamente essa vida, todos nós beneficiamos dos seus resultados, na forma de conhecimento, tecnologia, entendimento legal e político, e obras de arte, literatura e música que evocam a condição humana e também nos reconciliam com ela. Aristóteles foi mais longe, identificando a contemplação (*theoria*) como o objetivo mais elevado da humanidade e o lazer (*schole*) como o meio para ele. Somente na contemplação, deu ele a entender, as nossas necessidades e desejos racionais são adequadamente satisfeitos. Os kantianos podem preferir dizer que na vida da mente chegamos através do mundo dos meios ao reino dos fins. Abandonamos as rotinas do raciocínio instrumental e entramos num mundo em que as ideias, artefactos e expressões existem por si mesmas, como objetos de valor intrínseco. É-nos então concedido o verdadeiro regresso ao lar do espírito. Tal parece implícito em Friedrich Schiller, nas suas *Cartas sobre a Educação Estética do Homem* (1794). Visões semelhantes estão subjacentes na visão romântica alemã da *Bildung*: o enriquecimento cultural como objetivo da educação e fundamento do currículo universitário.

A vida da mente tem os seus métodos e recompensas intrínsecos. Preocupa-se com o verdadeiro, o belo e o bom, que entre eles definem o alcance do raciocínio e os objetivos da investigação séria. Mas, cada um desses objetivos pode ser falsificado, e um dos desenvolvimentos mais interessantes nas nossas instituições educativas e culturais durante o último meio século é a extensão do afastamento, pela cultura e erudição falsificadas, das variedades genuínas. É importante perguntar porquê.

A maneira mais importante de libertar espaço intelectual para falsa erudição e cultura é por via da marginalização do conceito de verdade. À partida, isso parece difícil. Afinal, cada enunciado, cada discussão,

Oitava parte: Corrupção cultural 193

parece, pela sua própria natureza, aspirar à verdade. Como pode o conhecimento chegar até nós, se somos indiferentes à verdade do que lemos? É muito simples. Há um modo de debater que desconsidera a verdade das palavras do outro, pois está preocupado em as diagnosticar, descobrir «de onde vêm» e revelar as atitudes emocionais, morais e políticas que subjazem a uma dada escolha de palavras. O hábito de «contornar» as palavras do nosso adversário decorre da teoria da ideologia de Karl Marx, que nos diz que, nas condições burguesas, os conceitos, hábitos de pensamento e modos de ver o mundo são adotados devido à sua função socioeconómica, não à sua verdade.

A ideia de justiça, por exemplo, que vê o mundo do ponto de vista dos direitos e responsabilidades e atribui propriedade e obrigações a toda a sociedade, foi rejeitada pelos primeiros marxistas como uma peça da «ideologia» burguesa. O propósito ideológico do conceito é validar as «relações burguesas de produção», as quais, de outra perspetiva, podemos entender que violam as próprias exigências que o conceito de justiça estabelece. Portanto, o conceito de justiça está em conflito consigo mesmo e serve apenas para mascarar uma realidade social que tem de ser entendida noutro plano — no plano dos poderes aos quais estão sujeitas as pessoas, e não dos direitos que reivindicam.

A teoria marxista da ideologia é extremamente controversa, até por estar ligada a hipóteses socioeconómicas que já não são credíveis. No entanto, sobrevive na obra de Michel Foucault e outros intelectuais, particularmente em *As Palavras e as Coisas* (1966), de Foucault, e nos seus espirituosos ensaios sobre as origens da prisão e do hospício. São exercícios exuberantes de retórica, cheios de paradoxos e falsificações históricas, arrebatando o leitor com uma espécie de indiferença trocista pelos padrões da argumentação racional. Em vez de argumento, Foucault vê «discurso»; no lugar da verdade, ele vê poder. Na visão de Foucault, todo o discurso ganha aceitação ao exprimir, fortalecer e ocultar o poder daqueles que o mantêm; e aqueles que, de tempos a tempos, percebem esse facto são invariavelmente presos como criminosos ou trancados como loucos — um destino que o próprio Foucault inexplicavelmente evitou.

A abordagem de Foucault reduz a cultura a um jogo de poder e a erudição a uma espécie de arbitragem na interminável «luta» entre grupos oprimidos e opressores. A mudança de ênfase do conteúdo de um enunciado para o poder que fala através dele leva a um novo género de erudição, que contorna inteiramente questões de verdade e

194 *Contra a corrente*

racionalidade, e que pode até rejeitar essas questões como sendo elas mesmas ideológicas.

O pragmatismo do falecido filósofo norte-americano Richard Rorty tem efeito semelhante. Ele opôs-se expressamente à ideia de vérdade objetiva, apresentando diversos argumentos para pensar que a verdade é uma coisa negociável, e que, no final, o que importa é de que lado estamos. Se uma doutrina é útil na luta que liberta o nosso grupo, então temos o direito de rejeitar as alternativas.

O que quer que pensemos de Foucault e Rorty, não há dúvida de que eles eram escritores inteligentes e estudiosos genuínos com uma visão distintiva da realidade. Abriram o caminho para falsificações, mas não eram falsificadores eles mesmos. As coisas são bem diferentes com muitos dos seus contemporâneos. Consideremos a frase seguinte:

> Esta não é apenas a sua situação em «princípio» (aquela que ocupa na hierarquia de instâncias em relação à instância determinante: na sociedade, a economia) nem apenas a sua situação *de facto* (se, na fase em causa, é dominante ou subordinada), mas a *relação dessa situação de facto com essa situação de princípio*, ou seja, a própria relação que faz dessa situação de facto uma *variação da estrutura* — «*invariante*» —, em *dominância, da totalidade.*

Ou esta:

> É a ligação entre significante e significante que permite a elisão na qual o significante instala a falta-de-ser na relação objetal utilizando o valor de «reenvio» possuído pela significação a fim de a investir com o desejo a visar a própria falta que ela sustenta.

Estas frases são do filósofo francês Louis Althusser e do psicanalista francês Jacques Lacan, respetivamente. Estes autores surgiram da efervescência revolucionária de Paris em 1968 para alcançar uma reputação espantosa, mesmo nos Estados Unidos, onde, entre ambos, encontram mais referências na literatura académica do que Kant e Goethe juntos. No entanto, é seguramente claro que essas frases são absurdas. As suas pretensões de saber e conhecimento erudito intimidam o crítico e mantêm defesas fortificadas contra ataques críticos. Elas ilustram um género peculiar de novilíngua académica: cada frase é enrolada como uma unha encravada, dura, feia e a apontar apenas para si mesma.

O falso intelectual convida-nos a conspirar na sua própria autoilusão, a juntarmo-nos à criação de um mundo de fantasia. Ele é o professor de génio, nós somos os alunos brilhantes. Falsificar é uma atividade social em que as pessoas agem juntas para ocultar realidades indesejadas e encorajar-se umas às outras no exercício dos seus poderes ilusórios. Assim, a chegada do pensamento falsificado e da erudição falsificada às nossas universidades não deve ser atribuída a nenhum desejo explícito de enganar. Ela surgiu por intermédio da abertura cúmplice de território à propagação do disparate. Disparates deste tipo são um desafio a ser aceite. Eles pedem a resposta: por Deus, tem razão, é assim mesmo.

E, sem dúvida, se o leitor adquiriu a sua carreira académica aprendendo a postular por aí os mantras absurdos dos impostores, combinando-os na sintaxe impenetrável que tanto ludibria quem a escreve quanto quem a lê, reagirá com indignação a tudo o que eu disse até agora.

De facto, pode argumentar-se que o surgimento de falsos estudos e falsa filosofia tem pouca importância. Essas coisas podem ficar limitadas à universidade, que é o seu lar natural, e fazem pouca diferença na vida das pessoas comuns. Todavia, quando pensamos em alta cultura e na sua importância, tendemos a pensar não em erudição e filosofia, mas em arte, literatura e música — atividades que estão apenas acidentalmente ligadas à universidade e que influenciam a qualidade de vida e os objetivos de pessoas fora da academia.

Existem consequências da cultura falsificada que são comparáveis às consequências da corrupção na política. Num mundo de falsificações, o interesse público é continuamente sacrificado à fantasia privada, e as verdades de que dependemos para a nossa salvação são deixadas por examinar e conhecer. Contudo, prová-lo é realmente uma tarefa árdua, e, depois de uma vida inteira de tentativas, encontro-me apenas no início.

Nona parte:

Direitos animais, política de púlpito e sexo

Dominação masculina

(The Times, *1983*)

Que há de errado com a violação? A pergunta deve surgir naturalmente quando as mulheres se queixam da facilidade com que esse crime foi cometido e desculpado. A violação é como o roubo, uma questão de tirar sem consentimento o que pertence a outro? Mas então, que é levado? E que tipo de «pertencimento» é esse, que arruína a vida de quem o perde e nunca enriquece o ladrão?

O pensamento masculino é dominado pela ideia de contrato. Ele vê a sociedade legítima como uma troca de direitos e promessas, e a maioria dos crimes como uma tentativa de fazer batota no caminho para o objetivo comum. Para tal atitude, os extremos do mal são incompreensíveis, porque indescritíveis. Se parece surpreendente para os homens que a violação deva ter uma pena máxima igual à do homicídio, então é porque eles foram traídos, ao pensar que o pecado de tomar o atalho para a propriedade privada de outra pessoa difere apenas em grau do pecado de tomar o atalho para as suas partes íntimas.

Mas é precisamente porque o sexo é um assunto privado que a mente feminina é mais capaz de compreender. Um momento de reflexão deve persuadir-nos da visão da mulher: ao contrário do ladrão, o violador não só despoja a sua vítima como a aniquila. Ele é indiferente ao consentimento do outro, pois é indiferente à existência do outro. A sua raiva é a raiva da luxúria, que é disparada pela visão do corpo humano, mas intimidada pela presença da alma humana. Logo, a sua vítima é forçada a sofrer um ato que a separa expressamente do seu corpo e que a faz ver o seu próprio corpo como estranho. O violador não saqueia a propriedade, mas a própria vida, porquanto é somente

200 Contra a corrente

na premissa de uma identidade entre alma e corpo que a vida humana pode ser vivida.

As feministas estão deveras certas, portanto, quando veem no crime de violação uma prova vital do desejo masculino de negar a mulher. A violação é a forma extrema de uma ambição masculina generalizada, que é substituir o desejo sexual pela busca da mercadoria sexual. O desejo sexual é um desejo de se unir a outra pessoa, e a ternura (que é um frenesi de consentimento mútuo) é a essência do seu vínculo.

O desejo nada tem que ver com o ímpeto de se aliviar no corpo de outro. Para as mulheres, esse ímpeto é repugnante em todos os sentidos, e não menos importante, porque permite que os valores do mercado poluam os do lar. Porém, os homens desconfiam do desejo verdadeiro, pois a ternura impregna o ato sexual de responsabilidades. Ao simbolizar vividamente a presença de outra alma humana, dificulta a liberdade e diminui o poder. Esta é a verdadeira razão pela qual os homens procuram rebaixar as mulheres. A transformação da mulher em mercadoria aumenta a excitação e diminui o desejo. Assim, cumpre a ambição masculina de longo prazo, que é tornar as mulheres indesejáveis e, assim, abrir o caminho para as descartar.

Esta ambição alcançou sucessos notáveis nos últimos anos. Usou uma variedade de estratagemas, dos quais três merecem menção. Em primeiro lugar, despertou o mito de que a sexualidade é uma função meramente «animal», e o ato sexual uma espécie de descarga compulsiva, sem significado moral intrínseco; não importa como ou com quem o façamos, nunca somos realmente os culpados. Esse mito foi inculcado por documentos pseudocientíficos, como o relatório Kinsey, e também por campanhas de educação sexual nas escolas. O objetivo inicial sempre fora substituir ideias morais importantes, como modéstia e vergonha (ideias sem as quais o desejo sexual é inconcebível), por uma noção ordenada de «higiene sexual», que, ao abolir o mistério, abole o desejo.

O segundo estratagema masculino é o da indecência, do qual a violação é apenas a forma mais completa e mais violenta. Numa persuasiva análise da pornografia («The Politics of Sex», *The Salisbury Review*, n.º 2), Robert Grant aponta para os danos infligidos à sexualidade humana pelo mercado de publicações indecentes. A pornografia, escreve ele, autoriza efetivamente a luxúria, ao libertá-la do escrúpulo moral. Ela isola o «consumidor» da situação descrita. Porque ele não participa em nada, a sua excitação é libertada das obstruções da ternura e o seu

Nona parte: Direitos animais, política de púlpito e sexo 201

interesse por outro corpo nunca precisa de ser desviado pela consciência de outra alma. Por conseguinte, a pornografia é a preparação perfeita para uma ambição sexual que visa separar alma e corpo, de forma que se possua o segundo sem pagar o preço cobrado pelo primeiro.

No entanto, ambos os estratagemas estão repletos de perigos. Eles são muito conscientes, muito evidentes, muito vulneráveis à reação popular. Num mundo em que as mulheres podem ascender a posições de influência, eles correm o risco, no longo prazo, de um forte impedimento da lei: é presumivelmente apenas uma preocupação normal, com o que não é essencial, que fez com que nossos líderes negligenciassem este dever específico. Daí o terceiro estratagema, mais poderoso, que é infiltrar-se no campo do inimigo, para fazer as mulheres falarem de sua própria voz contra os seus próprios interesses.

Essa tática brilhante, que carrega todas as marcas da perfídia masculina, chama-se a si mesma «feminismo», mais ou menos da mesma forma que a escravização comunista se chama a si mesma «paz». Propaga o extraordinário mito de que a divisão dos papéis sexuais, a instituição da família, os ideais de modéstia e castidade são todas invenções masculinas, destinadas a confinar as mulheres a uma situação que impede o seu verdadeiro desenvolvimento. Na verdade, claro, esses são precisamente os laços dos quais os homens sempre procuraram libertar-se.

Deste modo, ao propagar a ideologia feminista, os homens esperam livrar o impulso sexual do seu compromisso debilitante. Livres das aflições do desejo sexual, eles podem então começar a regular as suas relações com as mulheres pelas leis do mercado e, assim, não permitir que reivindicações de lealdade extingam as reivindicações de poder.

A pestilência da política do púlpito

(The Times, *1983*)

A Conferência Nacional dos Padres Católicos Romanos, que se reuniu recentemente em Birmingham, contou com a presença de 93 clérigos. Como há mais de 5000 padres católicos romanos na Inglaterra e no País de Gales, não se pode dizer com certeza que a assembleia tenha sido representativa. No entanto, foi vociferante, e as opiniões dos vociferantes contam muito neste mundo, mesmo que, embora possamos ter esperança, nada valham no próximo.

A crescente predominância de conferências em assuntos pastorais é parte do processo pelo qual a Igreja Católica Romana foi transformada de uma autoridade prescritiva, cuja moeda é a fé, numa câmara de debates, lidando com a cunhagem inflacionária da opinião. É inevitável que tal corpo comece a afastar-se do que importa na religião, as verdades eternas, em direção ao que, *sub specie aeternitatis*, importa menos de tudo — os assuntos deste mundo, que podem ser objeto de opinião apenas porque estão fora do domínio da fé.

Por conseguinte, a Conferência Nacional seguiu os passos do Congresso Pastoral Nacional de 1980 e da Conferência Episcopal da Inglaterra e País de Gales, dedicando tempo e energia a causas seculares. E o próprio cardeal Basil Hume exortou os presentes a envolverem-se «muito mais nas instituições da nossa terra, em organizações de bairro, sindicatos, governo local e parlamento».

Devemos lembrar que um certo tipo de política é, para um padre, uma saída fácil. É muito mais agradável elevar-se através da compaixão pelo que é anónimo e abstrato — a classe trabalhadora, as vítimas da opressão capitalista, o Terceiro Mundo — do que trabalhar

Nona parte: Direitos animais, política de púlpito e sexo 203

humildemente nos caminhos da caridade, que nos obriga a ajudar aqueles indivíduos concretos, cognoscíveis, e muitas vezes pouco amáveis, que a Providência colocou no nosso caminho.

Não só é mais agradável, mas também é mais gratificante para o ego. A atenção do mundo é mais facilmente captada pelo homem com uma causa do que pelo homem que meramente atende ao seu dever. Aí está a origem da heresia moderna, que vê a verdadeira religião em grandes empreendimentos mundanos e que nos exorta a combater a opressão no Chile, o racismo na África do Sul ou as armas nucleares em casa — resumindo, para aperfeiçoar a obra inacabada da Providência —, em lugar de salvar as nossas próprias almas. De facto, é significativo que as causas escolhidas por aqueles que estão nas garras dessa heresia sejam precisamente aquelas que promovem os interesses do poder ateu mais militante do mundo.

Dirigindo-se à Conferência Nacional, o capelão da Universidade de East Anglia argumentou contra o jejum obrigatório na sexta-feira, alegando que, como os jovens não viam o sentido disso, essa prática era um obstáculo ao trabalho apostólico dele. Alguém poderia pensar que o seu dever era fazê-los ver o sentido disso. Para mais, os jovens parecem magnetizados por aquelas religiões, por muito excêntricas na doutrina ou rococó no comportamento, que tentam controlar os seus hábitos alimentares. Não obstante, a queixa do capelão capta eloquentemente a incompetência apostólica de uma Igreja dedicada aos assuntos seculares.

O homem sabe que não se criou a si mesmo, logo, sabe que tem uma dívida de gratidão, que só pode ser paga pela obediência. Mas obediência ao quê? Até que ele responda a essa pergunta, vive em estado de ansiedade; é o princípio central da doutrina cristã que a resposta está na fé. Com fé, um homem pode finalmente fazer com um coração tranquilo o que faz apenas com hesitação: pode jejuar e orar. Alguém que não vê o sentido de tais atividades é alguém que ainda não está em condições de acreditar. Quem vê o sentido delas vê também que elas são realizadas não só por causa dos outros, mas também, e principalmente, por causa de si mesmo, de sorte que se reconcilie com o poder a quem se deve a vida.

A força da Igreja Católica Romana tradicional era dupla. Ela oferecia um sistema definitivo e oficial de respostas às perguntas da vida, elaborado ao longo de séculos de discussão e investigação, e veiculado numa linguagem que falava diretamente ao coração individual. Ensaiou

204   Contra a corrente

também, num ritual sublime, o mistério da condição do homem e a universalidade da Igreja que prometia a sua redenção. Essa certeza e autocontenção foram os fundamentos de seu sucesso, pois nenhum convertido pode ser ganho por uma religião que se compromete com as suas dúvidas e hesitações, ou que põe as causas seculares no lugar da salvação individual.

Sem dúvida, a maioria dos padres percebe isso. Sem dúvida, eles aceitam que o seu dever é para com o pecador individual, pelo qual eles devem renunciar a tantos dos prazeres da vida — incluindo o prazer de proclamar a sua preocupação virtuosa com a paz e a justiça social. O verdadeiro padre trabalha em silêncio, fora da publicidade que gravita para os de pouca fé.

As instruções orais propostas ao seu rebanho por um desses padres — Monsenhor Alfred Gilbey — foram recentemente gravadas e transcritas por um grupo de amigos. *Nós Cremos* é um documento notável, escrito com calorosa emoção e lúcido intelecto. Destrói completamente as superstições seculares com as quais a fé de Roma foi recentemente confundida, e apresenta uma doutrina suficientemente completa e suficientemente rica em implicações para a vida individual, tornando possível a conversão. Na verdade, faz o que todos os escritos apostólicos devem fazer, e o que tanta literatura católica moderna se abstém de fazer: apresenta a crença ao incrédulo. O meu pensamento ao fechar o livro foi: se isto fosse tão verdade como é bonito, então já bastaria.

Sobre o consumo de peixe

(The Times, *1984*)

Os Ingleses passam cada vez mais o verão não à beira-mar, mas no campo, pois o sentimento pastoral forma a retórica da vida urbana, e a pessoa cujo horizonte diário consiste em muros e chaminés imagina um campo para lá deles, no qual será libertado brevemente, livre da miséria e da ansiedade feitas pelo homem.

Os sentimentos pastorais devem ser contrariados com o mesmo fervor do que o pacifismo, o vegetarianismo e o pão integral, já que eles nos encorajam a esquecer a verdade, que é a de que a natureza também é feita pelo homem. Alguns dizem (embora sejam uma minoria académica) que ela foi feita por Teócrito e Virgílio. Outros atribuem a natureza aos paisagistas holandeses, outros ainda aos poetas de Augusto. Pessoalmente, considero responsáveis os agricultores. São eles que administram essa tapeçaria cara. Particularmente, eles apoiam os animais, que proporcionam o principal deleite visual em qualquer cenário campestre. Com a sua discreta mastigação e farfalhar, os animais transformam o tecido inerte de verde num manto de movimento vivo.

As vacas, ovelhas, galinhas e cavalos devem a sua existência confortável ao homem. Também a devem coisas mais selvagens e coloridas. Faisões, perdizes, patos e lebres, todos recebem as suas vidas dos homens que os matam, e que se preocupam para que possam sobreviver. Vegetarianos e outros que odeiam animais detestam essa harmonia simbiótica. Mas eles deviam lembrar-se de que o caçador ameaça apenas a criatura individual à sua vista, ao passo que eles ameaçam a espécie.

A comida tornou-se um assunto moral. Dizem-nos repetidamente que tudo o que comemos nos faz mal. Tais especulações são ímpias e

206 Contra a corrente

egoístas. A vida também nos faz mal, e, se queremos viver bem, devemos viver para os outros. Portanto, comamos, de modo que outros possam viver. Comamos animais — tantos animais quantos pudermos — para cumprir o nosso dever para com a grande cadeia de ser.

Mas isto leva-me a um problema que ainda não foi devidamente resolvido: o problema dos peixes. Aqueles ingleses que ainda passam férias à beira-mar não têm prazer na vida sob as ondas. De facto, o seu prazer seria maior se o mar estivesse morto. Percebendo isso, eles comem não peixe e batatas fritas, mas frango frito, esperando que as grandes quantidades de farinha de peixe com que as galinhas se alimentam cheguem em maior quantidade à fauna marinha remanescente. É claro que matar peixes seria uma ajuda para os peixes, se pudéssemos aumentar as suas hipóteses de sobrevivência. Mas não podemos, pelo que esta passagem do peixe e batatas fritas para o frango frito representa uma ameaça não só à última tradição nacional que nos resta, mas também à vida do mar.

Ou assim costumava pensar. Em vista disso, cheguei à conclusão de que comer peixe é mal feito. E por todo o lado tive o apoio de peixarias britânicas, cujas barracas testemunham uma clara falta de entusiasmo por qualquer coisa que emerja da água. Tabletes brancas insossas divorciadas do seu significado anatómico, flocos de músculo sem cabeça, bolinhos de peixe amarelos, arenques castanhos oleosos que parecem um par de luvas de homem do lixo — tais visões testemunham um profundo ódio à vida das profundezas e um desejo de devolver todas as coisas escamosas e viscosas ao lugar de onde vieram.

Mas o problema não se resolve assim tão facilmente. Há outra razão para comer, além do facto de oferecer apoio às ordens inferiores da natureza. O vinho não pode ficar sozinho: ele precisa da comida como o seu fundamento moral. O peixe é o único acompanhamento possível para o borgonha branco, logo, o peixe deve ser comido se o borgonha branco for bebido. Porém, não qualquer peixe: não o artefacto desnaturado da banca de peixe inglesa, mas o peixe em toda a sua naturalidade horrenda, com mandíbulas sorridentes, olhos esbugalhados e o carnaval cheio de cores que desempenha um papel tão inexplicável nas modas das profundezas.

Comer essas criaturas excessivamente não garante a sua sobrevivência. Mas a espécie humana justifica a sua existência pelos seus poderes inventivos. Em breve, poderemos descobrir maneiras de ajudar o peixe-galo, a tainha, a pescada e a vieira, como ajudamos a perdiz e a lebre.

Nona parte: Direitos animais, política de púlpito e sexo   207

Só teremos o motivo, porém, se continuarmos a comer peixe. Assim sendo, talvez comer peixe seja um dever, tanto quanto comer animais. Para quem aprecia o borgonha branco, também pode ser um prazer.

Esta última observação é um tanto polémica. Por isso, concluo com a receita de um prato que acompanha na perfeição um bom e velho *Meursault*. Arranje duas cabeças de pescada (a peixeira terá posto no lixo essas coisas vis). Transforme-as num caldo, utilizando erva-doce, cebola, aipo, sumo de limão e *Chablis*. No caldo coado, deve então ferver em lume brando (não mais de cinco minutos) seis vieiras e cerca de um quilo de tamboril. Como o tamboril larga muita água, deixe-o escorrer para o caldo. Em seguida, reduza o líquido, engrosse com um molho *roux* claro, acrescente seis alcaparras, alguns grãos de pimenta verde, sal, manjericão fresco e duas porções de natas. Corte o peixe em pedaços do tamanho da boca, cubra com o molho (que deve ser grosso como melaço) e leve ao forno, o menos tempo possível, numa empada, feita com massa de tarte, na qual se incorporou uma quantidade de amêndoas. Felizmente, as crianças odeiam este prato; chegará, portanto, para toda a família.

Obrigações da carne

(The Times, 1985)

A maternidade de substituição deve ser vista no seu contexto mais amplo: não como uma resposta aos problemas da esterilidade, mas como o resultado de uma revisão nas perceções morais, comparáveis às pressagiadas no *Admirável Mundo Novo*. Os cidadãos do paraíso terrestre de Huxley têm horror à maternidade e atribuem ao processo do parto a vergonha e o sentimento de contaminação que os nossos antepassados atribuíam à união sexual. Ao mesmo tempo, o ato sexual em si não é um risco para eles — um exercício higiénico, não mais problemático do que escovar os dentes, e bastante mais prazeroso.

A ideia de que a união sexual deve ser entendida quanto à sua tendência generativa é estranha às suas perceções, pois implica que o corpo humano possa abrigar um destino e uma responsabilidade maiores do que quaisquer que possam ser impostos pelo Estado todo-poderoso, impessoal e que tudo absolve. Cabe à máquina abstrata do Governo decidir quem deve existir, assumir a responsabilidade pela sua fabricação e circunscrever a sua vida. Os órgãos sexuais não têm outra função além do prazer fugaz, e associá-los às responsabilidades incapacitantes do parto, ou ao destino comprometedor de um amor físico caloroso, é cometer uma terrível obscenidade.

Evidentemente, ainda não chegámos tão longe. No entanto, certos elementos da visão de Huxley foram realizados. A contraceção efetivamente separou o ato sexual da sua tendência generativa e, como Germaine Greer argumentou, a gravidez agora parece um infortúnio, ou mesmo uma doença. Além disso, uma visão científica do embrião humano alterou a nossa ideia de maternidade. Assim como um tubo

Nona parte: Direitos animais, política de púlpito e sexo 209

de ensaio como um útero. E que importa ser este útero e não aquele? Porque não um útero separado do corpo humano e preservado em condições de laboratório como produtor de filhos?

O nascituro já não é uma pessoa humana, ligada por direitos e obrigações indeléveis à mãe que o dá à luz, mas uma deformidade que amadurece lentamente, que pode ser abortada à vontade, caso a mãe opte por se curar. Na maternidade de substituição, a relação entre mãe e filho deixa de surgir do próprio corpo da mãe e é separada da experiência da encarnação. O vínculo entre mãe e filho é desmistificado, tornado claro, inteligível, científico — e também provisório, revogável e de força apenas contratual.

Não devemos encarar isto como um resultado isolado do progresso científico. Da mesmíssima forma, o vínculo sexual tornou-se claro e inteligível, e também provisório, revogável e de força meramente contratual, regido pela moralidade do «consentimento» adulto. Deixámos que se desse uma desmistificação universal do corpo humano. Ele deixou de ser a fonte sagrada das nossas obrigações mais profundas e tornou-se num mero organismo, obediente aos imperativos biológicos que governam todos os seres vivos. Mas porque nos conhecemos de outra maneira — como seres livres, vinculados por uma lei moral — começamos a duvidar da prerrogativa moral do corpo. Já não nos parece possível que o carácter meramente *corporal* dos nossos atos possa determinar o seu valor moral. Daí surge a extraordinária visão de que o ato homossexual, considerado em si mesmo, é moralmente indistinguível do ato heterossexual: pois o que há, no seu carácter meramente físico, para justificar o estigma tradicional?

A moralidade liberal, que nos diz que permitamos os prazeres do corpo e reprimamos o impulso da vergonha, exprime, com efeito, uma visão metafísica peculiar do corpo, como de alguma forma separado do eu e fora da esfera das nossas verdadeiras obrigações. Para a consciência libertada, parece absurdo que o profeta do islão, exortando-nos ao comportamento caridoso, acrescente que devamos esconder as nossas partes íntimas. Que ridícula mistura de verdade moral e superstição infantil! E, no entanto, nesta como em tantas coisas, o instinto de Maomé estava certo. Não somos distintos dos nossos corpos, mas idênticos a eles, e culpados não apenas das nossas ações, mas também dos nossos prazeres e posturas e da exposição corporal à nossa espécie.

A moralidade sexual tradicional era um instrumento pelo qual as pessoas aceitavam a sua encarnação e assumiam a responsabilidade

210   Contra a corrente

moral pela sua carne. Os dois amores terrenos que estimulam e preen-
chem a nossa existência — o amor sexual e o amor aos filhos — saem
do corpo por um processo que podemos encarar, neutral ou cientifica-
mente, por nossa conta e risco, porquanto estas são as forças pelas quais
vivemos e que governam as nossas obrigações menores. Considerar
o processo que os gera como passível de revisão e revogação é situar
o corpo fora da esfera do sentimento moral e deixar de assumir a
responsabilidade pela própria carne. É trocar a segurança moral da
existência corporal por uma fantasia de liberdade última, na qual todas
as nossas obrigações são da nossa própria invenção e o destino tirânico
é superado. Mas não pode haver tal liberdade suprema, e tudo o que
alcançamos, pelo nosso constante esforço na sua direção, é a lenta
alienação de nossa condição corporal e o envenenamento gradual da
fonte carnal do amor.

Em tais questões, argumentou Santo Agostinho, o corpo parece
ter vontade própria, e a sua constante desobediência, acrescentou, é o
testemunho do pecado original. Contudo, se o pecado original reside
no corpo, é porque nele também residimos. Por isso, nunca devemos
perder de vista a verdade fundamental de que alguns usos do corpo
são pecaminosos, e nenhum mais do que aqueles que nos permitem
escapar das obrigações que o próprio corpo impõe.

Comam animais!
É para o bem deles

(Los Angeles Times, 1991)

Como as pessoas, os animais podem ser simpáticos ou desagradáveis. Os animais simpáticos não mordem nem dão coices; podemos acariciá-los, gorgolejar para eles e montá-los; eles até se tornam peritos em simular a afeição humana, permitindo que pessoas não amadas experimentem fantasias de amor.

Os animais desagradáveis não mordem nem dão coices continuamente. Muitas vezes, ruminam sobre o seu estado cativo até chegar o dia da vingança. O *pit bull terrier*, por exemplo, comportar-se-á impecavelmente durante anos antes de matar subitamente o seu guardião, um desfecho que pode ser bem recebido por todos os demais. Infelizmente, ele geralmente tentará também matar todos os demais.

Como devemos lidar com animais desagradáveis? O parlamento britânico decidiu que certas raças de cães — entre elas o *pit bull* — deveriam ser abatidas ou castradas. Tal levou a protestos dos donos, muitos dos quais trabalharam muito e arduamente para obter um animal de estimação cujo temperamento combinasse com o seu. Alguns donos de *pit bulls*, apesar do seu desprezo à espécie humana, até decidiram votar nos socialistas nas próximas eleições. Entretanto, o Partido Trabalhista incluiu os «direitos dos animais» no seu programa eleitoral, seguindo a sua política de procurar apoio entre anormais e fanáticos, na esperança de que, após vinte anos de política educativa socialista, os anormais e os fanáticos ultrapassem agora o número de homens de bom senso.

Acrescentemos ao problema dos cães perigosos os da caça, da caça à baleia, dos jardins zoológicos, da vivissecção, da pecuária industrial, do controlo de pragas e da ecosfera, e veremos que, doravante, os

212 Contra a corrente

animais estarão no topo da agenda política. Por isso, está na altura de estabelecer alguns princípios para lidar com eles.

Primeiro princípio: os animais não têm direitos. Os humanos têm direitos, porque somos seres racionais, que existem pela negociação e pelo reconhecimento recíproco de deveres. Uma criatura que não pode reconhecer os direitos dos outros não pode reivindicar direitos para si mesma. Logo, somente se os animais tivessem deveres é que também teriam direitos. Mas então, seria errado capturá-los, matá-los, comê-los, mantê-los como animais de estimação, treiná-los para se erguerem nas patas traseiras ou usá-los de qualquer forma.

Um cão não tem direitos nem deveres, mas o seu dono tem ambos. Portanto, não castiguemos o cão, mas o dono. Responsabilizemo-lo legalmente pelos danos causados pelo seu animal de estimação; o custo de segurar um *pit bull* levará rapidamente à extinção da raça.

Segundo princípio: somos agora administradores do reino animal. Daqui em diante, nenhuma espécie existe sem a nossa permissão. Assim sendo, temos algumas escolhas difíceis a fazer. O favor mostrado à galinha é uma má notícia para a raposa, enquanto o nosso gosto por cavalos e vacas praticamente aboliu o leão.

Terceiro princípio: só podemos sustentar os animais se tivermos um motivo suficiente. E «nós» não significa intelectuais mimados, mas primitivos rurais, campónios e o tipo de gente que gostaria de manter um *pit bull*. Felizmente, o motivo existe. Não há melhor maneira de proteger o *habitat* de uma espécie do que a caçando sistematicamente. Foi a pesca que salvou os rios ingleses da poluição, a caça ao veado que preservou os nossos cervos nativos, a caça à raposa que salvou as nossas vedações, e a caça em campo de tiro que encheu os nossos prados de faisões e as nossas charnecas de perdizes. Da mesma forma, é a caça grossa que salvará os parques de safáris da África e é a caça à baleia que salvará a baleia. Os elefantes podem ser ameaçados por caçadores de marfim, mas não tanto quanto beneficiariam dos criadores de marfim, que teriam interesse em os proteger. No entanto, a proibição míope do comércio de marfim levará provavelmente à extinção do elefante.

Quarto princípio: os animais que comemos têm mais hipóteses de competir por espaço no nosso planeta. Por conseguinte, temos o dever de comer carne — tanta carne e de tantas variedades quanto possível. Cada refeição vegetariana é um crime contra a natureza.

Isso não significa que possamos tratar os animais como queremos. Devemos dar-lhes a possibilidade de correr, copular, ladrar, relinchar e

Nona parte: Direitos animais, política de púlpito e sexo   *213*

rugir conforme o espírito os move. E, quando chegar a hora, devemos escolher uma forma clemente de morte — a tiro, digamos, ou caçar com cães, em vez das armadilhas e envenenamentos que envergonham a raça humana. Em vista disso, um último pedido de misericórdia: vamos reintroduzir o *terrier* caçador de ratos, que é o verdadeiro amigo do rato. Uma caça aos ratos, culminando numa rápida mordida na cabeça infratora, é preferível às lentas agonias do envenenamento; também é ecologicamente mais limpo, proporciona entretenimento saudável para toda a família e estimula a simpatia pelo rato — uma das criaturas mais injustamente desprezadas e afetuosas da natureza.

Sextantes e sexting

(inédito, 2009)

Os seres humanos são viajantes que vagueiam pelo mundo em busca de aventura. E esse amor pela aventura cria a necessidade de um lar: o regresso a casa faz com que a deambulação valha a pena.

Assim, os seres humanos inventaram instrumentos que os ajudam a navegar, para os guiar ao seu destino e — o mais importante — os guiar de volta, ao local onde estão em casa.

O sextante era um dos mais belos exemplos disso: um instrumento para navegar com a ajuda das estrelas, que segurávamos junto ao olho e que nos lembrava a vastidão do espaço, para onde olhávamos, e a pequenez das nossas próprias ambições. Os nossos antepassados que navegavam pelo sextante nunca duvidaram do fundo fixo da vida humana, dos céus imutáveis pelos quais navegavam. Havia um lugar para onde se dirigiam, mas também um lugar onde pertenciam. As aventuras terminavam no regresso a casa, e a necessidade da casa permanecia. Graças ao sextante, eles puderam aventurar-se mais longe e ainda regressar em segurança; mas foram eles, e não o sextante, que escolheram para onde ir.

Os dispositivos modernos não são assim. Eles são cada vez menos nossos servidores e cada vez mais nossos senhores. Achamos que podemos usá-los para alcançar os nossos fins, mas, na verdade, rapidamente damos conta de que eles é que nos estão a usar para alcançar fins que nunca havíamos previsto e que ninguém reivindica. As aventuras para as quais eles nos tentam são muito mais fáceis de embarcar do que as viagens dos nossos antepassados através dos mares. E elas parecem inteiramente desprovidas de perigo.

Nona parte: Direitos animais, política de púlpito e sexo   215

Viajamos em redor do mundo com o clique de um rato; visitamos amigos e estranhos no ecrã, conversamos no telemóvel e publicamos no nosso mural do Facebook todas as coisas que queremos que o mundo saiba. Podemos sentar-nos à nossa secretária e desfrutar de todo o tipo de emoções sem nenhuma consequência perigosa. Assim julgamos. Mas, durante esse tempo todo, a World Wide Web vai estendendo a sua teia, e somos apanhados como moscas, contorcendo-nos nos laços sufocantes do vício no ecrã. E só então percebemos que não sabemos o caminho de volta; que estamos sentados à nossa secretária, mas muito, muito longe de casa.

O poder dos dispositivos de entrar na alma humana e a possuir é trazido à tona pelo novo vício do *sexting*. Que aventura, tirar uma fotografia sua toda nua e enviar ao namorado do momento. O telemóvel está lá, a pedir que ela faça isso. E qual é o problema, quando ninguém vê? E assim caíram raparigas na mais recente armadilha, descobrindo brevemente a sua imagem nua nos telemóveis de amigos e inimigos, nas fantasias de estranhos, nos planos lascivos de predadores e exibidas por todo o ciberespaço.

Como voltar para casa a partir daqui? Não nos deve surpreender que uma jovem, incapaz de viver com a sua imagem prostituída, tenha cometido suicídio e que outras estejam a ter problemas com os pais, os professores e a justiça.

O problema não é o uso que foi feito do dispositivo, mas o próprio dispositivo. Os sextantes eram meios inocentes, sem agenda própria, para os nossos fins. Os dispositivos modernos não são assim. Eles são pacotes de tentação. Eles oferecem novas escolhas, novas visões, novas aventuras. Eles põem-se à porta da nossa vida, a pedir para tomarem conta dela. E os jovens, que não têm defesas contra eles, rapidamente os convidam a entrar.

Ao oferecer um telemóvel aos filhos, os pais gostam de pensar que estão a fornecer-lhes um mero instrumento, algo que pode ser utilizado para fins legítimos que já existem — como informar os pais de onde estão e quando devem ir buscá-los. Na verdade, eles estão a fornecer aos filhos um novo mestre, projetado por adultos sofisticados para assumir o controlo da pessoa em cujas mãos se encontre.

Infelizmente, por causa da televisão e da Internet, as pessoas perderam a noção de que as imagens são moralmente questionáveis. Todas as imagens estão bem, desde que estejam nas mãos para quem se destinam. A interdição do Antigo Testamento e do Alcorão aos «ídolos» estendeu-se à forma humana, e, em todas as culturas, as pessoas olharam com cautela para imagens sexualmente explícitas. Essa cautela está a desaparecer, e as primeiras vítimas são as crianças — aquelas que estão apenas a começar a tomar consciência de si mesmas como sujeitos sexuais e ainda não sabem o custo de ser um objeto sexual.

Uma cultura de resistência entre os pais poderia ajudar, evidentemente. Há quem se recuse a ter televisores por causa do lixo que jorra deles. E há os que treinam os seus filhos para sobreviver sem telemóvel, como até recentemente era o caso de toda a gente. Há quem permita o telemóvel, mas não no quarto. E assim por diante. Em todo o caso, o problema permanece para a maioria dos adolescentes, entregues às suas apetências, que acabam por ser os vícios dos seus dispositivos.

Há apenas um caminho claro a seguir, que é reconhecer que a vergonha que os jovens, e as raparigas particularmente, costumavam sentir ao serem vistos nus não é em si vergonhosa — que, pelo contrário, a vergonha é, como disse Scheler, uma *Schutzgefühl*, um sentimento protetor, que faz parte do desenvolvimento sexual saudável. Ensinar isso às crianças de hoje, quando toda a tendência dos seus cursos de «educação sexual» e «educação para a saúde» é na direção contrária, será difícil. Mas talvez uma boa consequência do *sexting* seja persuadir pais e professores de que não há outro remédio.

Tally ho! *Deixemos que a caça nos lembre de quem somos*

(The Daily Telegraph, 2012)

Esta manhã, centenas de caçadores em todo o reino estarão reunidos para o encontro do *Boxing Day*. A minha família e eu vamos comparecer nos nossos uniformes reluzentes, em cavalos reluzentes, para estarmos com todo o cerimonial entre os nossos vizinhos em Cirencester Park. Acompanhar-nos-á uma multidão de milhares que vieram para apreciar o espetáculo. Durante uma hora, três espécies — cão, cavalo e humano; carnívoro, herbívoro e omnívoro — estarão pacificamente lado a lado num pequeno pedaço de prado, irradiando tranquilidade. Uma das bandas locais estará a tocar. O Royal Agricultural College Beagles estará lá, juntamente com pessoas de todas as ocupações, que vieram para alegrar os olhos com o espetáculo antes de almoçar na cidade.

Caçar com cães é ostensivamente um crime. Ele continua, não porque os caçadores desejem desafiar a lei, mas porque uma atividade tão central nas suas vidas não pode ser interrompida, tal como não o podem os seus batimentos cardíacos. Eles tiveram de se ajustar. Mas não podem viver no campo sem o partilhar também com os seus animais.

Conheci a caça aos quarenta e poucos anos. Foi por acaso que estava a trotar por uma ruela de Cotswold, no velho potro de um amigo, quando os centauros de uniforme passaram a galope. Num minuto, estava perdido em pensamentos solitários, no minuto seguinte, encontrava-me num mundo transfigurado pela energia coletiva. Imaginem que abriam a porta da frente uma manhã para deixarem as garrafas de leite e encontravam-se numa vasta catedral na antiga Bizâncio, as vozes do coro ressoando na cúpula acima e a congregação deslumbrante

218   Contra a corrente

nas suas vestes festivas. A minha experiência foi comparável. A energia que me arrebatou não era humana, nem canina, nem equina, mas uma síntese peculiar das três: uma homenagem a séculos de dependência mútua, revivida para este momento em forma de ritual.

Há uma alegria singular e indescritível que vem da cooperação entre as espécies. Saímos juntos, uma tribo, uma manada e uma matilha, e movemo-nos juntos em compreensão mútua. Compartilhamos perigos e triunfos, estamos ao mesmo tempo alegres e abatidos, e cresce entre nós uma espécie de apego não-sentimental que é mais forte e mais profundo do que qualquer companheirismo do dia a dia. Esta experiência é celebrada desde os tempos antigos. Da caça ao javali que começa na linha 428 da *Odisseia* de Homero, à caça à raposa que forma o clímax de *Os Diamantes de Eustace* de Trollope, a caça tem sido usada para tirar as personagens das suas circunstâncias quotidianas para outra situação, que desperta os seus espíritos animais e os coloca num tipo muito especial de teste. O muro da domesticidade foi derrubado e nós atravessamo-lo para «o outro lado do Éden», como o antropólogo Hugh Brody descreve o mundo do caçador-coletor.

Nesse mundo, os animais não são as criaturas domesticadas e subservientes do estábulo ou da casa de família; eles são nossos iguais, com os quais nos juntamos numa prova que pode ser tão perigosa para o caçador quanto para a sua presa. Nas pinturas que adornam as cavernas de Lascaux, vemos as feras do deserto retratadas por pessoas que viviam em temor delas, e que as conjuraram na sua própria morada humana. A aura que emana dessas imagens emana também da nossa literatura de caça, lembrando-nos de que também somos animais e que vivemos com uma dívida não-paga para com as criaturas de quem roubámos a Terra.

Em certo sentido, sabemos muito sobre a experiência do caçador-coletor, pois esta é a experiência que nos moldou, e que está enterrada como um estrato arqueológico sob a consciência polida do homem civilizado. No seu melhor, a arte e a literatura da caça pretendem recuperar essa experiência, fazer-nos reencontrar coisas misteriosas e sagradas que são o verdadeiro bálsamo para as nossas ansiedades suburbanas, mas que agora só podem ser recuperadas regressando, na imaginação, a um mundo que perdemos.

Na caça, vamos seguindo, e o que seguimos é uma matilha de cães que, por sua vez, segue um rasto. Alguns seguem a cavalo e fazem parte da ação; outros seguem a pé, de bicicleta ou de carro. Todos estão a

Nona parte: Direitos animais, política de púlpito e sexo 219

regressar, até certo ponto, a uma condição pré-agrária. A paisagem está a ser «aberta» ao seu uso pré-histórico e, embora a liberdade conquistada pela caça seja ao mesmo tempo uma liberdade oferecida por aqueles que têm o poder de a proibir, ambas as partes do negócio estão a recuperar a liberdade de outro tipo, mais profundamente implantado. A caça, que dissolve as fronteiras entre as espécies, dissolve também as fronteiras entre as pessoas.

A emoção do salto vem daí: estamos a abolir a fronteira que em vão tentou excluir-nos. Por um breve momento, estamos a deixar de lado as exigências da agricultura, e o individualismo centrado no homem que a agricultura engendra, e a perambular por uma paisagem que ainda não foi repartida e possuída. Os campos que vejo da minha janela não terminam, para mim, na minha fronteira, mas estendem-se além dela, até ao local onde os cães do grupo de caça Vale of White Horse devem ser chamados do território do Old Berkshire, onde «o nosso» se torna «deles» e o tumulto de seguidores deve retroceder.

Este sentimento do «nosso» exprime-se em muitos acontecimentos sociais para lá da caça: em caminhadas de lazer, pequenos-almoços de agricultores, bailes de caça e *point-to-points.* Essas atividades fazem parte de uma intrincada teia de relações sociais através da qual nos unimos na posse coletiva de toda a nossa localidade e anulamos as nossas reivindicações privadas e independentes. É este sentido de comunidade que nos unirá hoje, para renovar o nosso compromisso com o lugar onde estamos.

Décima parte:

Annus horribilis

e últimas palavras

Diário

(The Spectator, *17 de abril de 2019*)

Regresso de Londres com a *Paixão segundo São Mateus* a encher-me a cabeça, depois da interpretação comovente dos Elysian Singers e da Royal Orchestral Society, sob a direção de Sam Laughton na Igreja de St. James, em Piccadilly. Porque é que aquele último acorde causa arrepios na espinha? A instrumentação sombria, a sensação de que não é um fim, mas um começo, que essa sarabanda cheia de sombras se repetirá para sempre? Ou é apenas a história — certamente uma das maiores narrativas de toda a literatura, na qual nada é redundante e ainda assim tudo é dito? Chego a casa com o acorde ainda na cabeça, Dó menor com um si natural enfiado como uma espada no seu coração. Ele pressagia a próxima semana. Dedico o resto do dia ao meu relatório para a Comissão Building Better, Building Beautiful [Construir Melhor, Construir Belo] [1].

*

A comissão concluiu que a beleza na arquitetura comum é inseparável da noção de lugar. Explico à família. É quase a primeira vez que nos sentamos para jantar desde que o trabalho na comissão começou, há três meses. Que alívio será quando finalmente terminar e pudermos estar juntos no lugar que é nosso.

---

[1] Comissão independente para o aconselhamento do governo na implementação de soluções de qualidade estética no planeamento urbano e projetos habitacionais, e a sua harmonização com os espaços e as comunidades que os acolherão. Publicou o seu relatório final, *Living with Beauty* [Viver com Beleza], em janeiro de 2020, pouco depois do falecimento de Roger Scruton, seu copresidente. [N. do T.]

224 *Contra a corrente*

*

Na terça-feira, numa reunião dos comissários e do conselho consultivo, explico o nosso trabalho até agora: visitas, conversas, entrevistas de grupo e o espírito público e a decência de todas as pessoas que encontrámos. Embora os políticos não consigam perceber o problema, as pessoas parecem claras quanto a ele. O problema é a fealdade — os cubos de vidro e betão nas cidades, as casas atiradas aos campos sem ruas, centros ou espaços públicos, os maus-tratos a povoações históricas e as paisagens apreciadas que dantes faziam parte de algum lugar e agora não estão em lugar algum. Teremos uma solução? Estou decidido a encontrar uma.

*

Rumo a Paris no Eurostar — sempre um mimo, até porque sai de St. Pancras, a prova mais clara de que beleza, utilidade, popularidade e adaptabilidade andam todas juntas. Algo semelhante nos acolhe na Gare du Nord, embora aqui sejam a fachada e a rua que geram a noção de lugar. Sou recebido por Damien Seyrinx, o meu editor, e vamos diretamente ao 16ème, onde devo discutir a tradução francesa de *Fools, Frauds and Firebrands: Thinkers of the New Left* na France Culture. Ao contrário da BBC, o palácio da rádio é pouco frequentado, com figuras isoladas a trabalhar em cubículos — algumas a ler livros. O entrevistador é educado, e sou observado com compaixão afável antes de ser remetido de volta a um país peculiar que não se consegue decidir sobre nada, mas que, no entanto, ainda é admirado, até porque pode produzir algo tão estranho como um filósofo conservador. Tenho pressa e Damien pede um moto-táxi, que me leva à Gare du Nord em vinte minutos de impressões arquitetónicas de arrepiar os cabelos. Ligo para casa e fico a saber que fui demitido do meu cargo de presidente da Comissão Building Better, Building Beautiful. Isso tinha de acontecer, mas fico surpreendido ao perceber que é porque as histórias caluniosas sobre mim estão a ser todas recicladas. Como é que isso aconteceu? Devo ter dado uma entrevista algures! E então lembro-me de um rapazelho untuoso da *New Statesman* que me veio visitar, dizendo que o jornal queria escrever sobre os meus livros.

*

Décima parte: Annus horribilis *e últimas palavras*   225

Milagrosamente, a minha família perdoa-me por essa entrevista. Os miúdos estão convictos de que não deve haver ressentimento, mas até uma certa simpatia pelo jornalista. Provavelmente, ele pensou que se conseguem amigos à esquerda fazendo inimigos à direita. Ligo o computador: centenas de *e-mails* de apoio, mas nada de oficial a dizer o que fiz de errado. Se há provas para me incriminar, então obviamente a *New Statesman* deve tornar pública a gravação da conversa: de que outro modo qualquer de nós saberá o que nos é permitido ou não dizer, quando trabalhamos para este Governo?

*

Estou mais bem-disposto na sexta-feira. Chegam *e-mails* de amigos na Polónia, Eslováquia, Hungria, República Checa, Letónia, Eslovénia e Estados Unidos, todos a dizer que já acreditaram no conservadorismo britânico, mas que já não o podem fazer. O meu rabino favorito de Jerusalém oferece-se para mobilizar «Judeus por Scruton»; o meu arquiteto favorito de Homs cita versos consoladores do Alcorão; o meu jornalista favorito do *Le Figaro* diz que viremos a público lutar. A família tem razão: não ficar ressentido, mas grato. Se isto não tivesse acontecido, eu não saberia do peso da amizade que me apoia.

*

A semana termina com uma viagem a Cambridge, para a celebração em memória de um dos meus amigos mais queridos, o matemático, biólogo e músico Graeme Mitchison, que faleceu de um tumor cerebral no ano passado. Ele teria compreendido exatamente o que Bach quis dizer com aquele acorde em dó menor com um buraco no meio.

Depois da minha própria noite escura

(The Daily Telegraph, *2019*)

Para compreender plenamente a história da Páscoa, ajuda ser perseguido pela multidão, saber que nada do que digamos ou façamos pode desviar a hostilidade e que, de qualquer modo, as distinções entre o verdadeiro e o falso, o justo e o injusto, o bem e o mal, foram todas suspensas. Alguns podem passar por essa experiência com espírito de caridade, e um, particularmente, elevou-se acima do seu sofrimento para perdoar àqueles que o infligiram.

A história da Páscoa fala-nos da redenção que vem ao mundo, quando tal tormento é voluntariamente sofrido por causa dos outros. Mas também nos fala do tempo da escuridão total, o tempo do nada, quando a luz da criação se apagou. São João da Cruz chamou a isso a noite escura da alma. O mundo estava numa escuridão assim no primeiro Sábado de Aleluia; e, no final desta semana terrível, uma escuridão semelhante caiu sobre mim.

Ao ler os artigos ultrajantes na *New Statesman*, no *Times*, no *Sun* e outros, nos quais coisas que nunca disse e atitudes que nunca tomei são-me inescrupulosamente atribuídas, ao ver todo o meu trabalho como escritor e filósofo garatujado com acusações ignorantes e infundadas, tive de fazer um balanço da minha vida e, por um momento, pareceu-me sem nenhum valor. Era como se eu tivesse sido, com toda a cerimónia, despojado de todos os meus bens e encerrado numa caixa.

Isto já acontecera antes, mas nunca com tão orquestrado clamor pela minha destruição. Demitido sem explicação do meu cargo no Governo, pareceu-me que eu até era indesejado pelo Partido Conservador, ao qual ofereci apoio intelectual toda a minha vida.

Décima parte: Annus horribilis *e últimas palavras* 227

A filosofia é a busca da verdade, e isso tem sido, para mim, uma fonte de consolo numa vida difícil. Mas, nas verdadeiras emergências, a verdade não basta: precisamos de exemplos, e das histórias que tornem o sofrimento suportável, mostrando que sem ele não há redenção. Por isso, em tempos de escuridão, voltamo-nos para a religião, na qual nos é dado outro tipo de verdade. Experiências como a que acabei de viver, por muito comuns e humanas que sejam, têm lugar na história da Páscoa, e é a genialidade da fé cristã que lhes abre tão facilmente espaço.

O sentimento fundamental do cristianismo não é o triunfo, mas a derrota. Ele toma o que há de pior na natureza humana — a perseguição de forasteiros, o prazer na crueldade, a traição de amigos e o ódio a estranhos — e entretece essas coisas na história da paixão de Cristo. Também vós, diz-nos ela, fazeis parte dessa turba cheia de ódio. Mas também vós podeis transformar o vosso ódio em piedade e a vossa piedade em amor. É isso o que significa redenção. Essa, a meu ver, é a maneira de compreender o Sábado de Aleluia. O mundo jaz em pedaços aos pés da cruz, como se não houvesse sido criado. É-nos mostrado o oposto da criação, um lugar de desolação onde a luz não brilha.

Segundo a velha história cristã, Cristo passou esse dia no Inferno subterrâneo e dilacerante. Mas podemos entender a mensagem da Páscoa sem essa metáfora particular. Em todos nós existe um princípio criativo e comunicativo — um princípio de amor, pelo qual renovamos os nossos apegos e fazemos da nossa vida uma dádiva. Quando deixamos de amar, ficamos como que esvaziados, privados da força que nos sustém a existência. Tornamo-nos um vazio, uma negação, uma coisa que não deveria ser. E para o vazio converge a multidão, ávida de vítimas e ansiosa por destruir. Esse mecanismo psíquico está presente em todos nós. No mundo de hoje, porém, o seu efeito é amplificado. O Twitter fez de todos nós imbecis, arrebatando-nos numa tempestade de boatos e de rancor. Mas os cristãos, ao contemplarem a crucificação, ainda podem mudar de lado, da multidão triunfante para a vítima derrotada. Através da desolação do Sábado de Aleluia, eles podem experimentar o verdadeiro significado da Cruz, enquanto a escura negação prenuncia a Ressurreição, e a luz brilha novamente.

De facto, o hábito de se concentrar na vítima derrotada, e não na multidão triunfante, é a força do cristianismo. Diante da destruição, o cristão opta pela renovação. Enquanto Notre-Dame ardia, a multidão de agnósticos na rua abaixo recuperava por um momento a sua

228   Contra a corrente

fé cristã, erguendo os olhos para o Anjo da Ressurreição, que parece tremer sobre o telhado muito acima. Tal como o anjo promete, Notre-Dame renascerá. Apesar de tudo o que aconteceu para enfraquecer o cristianismo em França, o espírito cristão permanece, encarnado nesta catedral dedicada à protetora de Paris, onde poucos rezam por ela, mas muitos a amam.

O encontro do Sábado de Aleluia com o nada é uma demonstração de que o mundo tem de ser constantemente recriado. No entanto, para muitos potenciais cristãos, a Ressurreição é um obstáculo. A morte de Cristo só faz sentido na suposição de que ele lhe sobreviveu; caso contrário, ele é simplesmente mais um no fluxo interminável de vítimas. Contudo, como podemos acreditar em tal acontecimento, que desafia tão completamente as leis da natureza e para o qual temos apenas as provas rudimentares resumidas nos Evangelhos, nos Atos dos Apóstolos e nas cartas de São Paulo? Deixando de lado toda a teologia erudita, mas inspirando-me nos poetas, pintores e compositores que trataram este assunto, eu diria que a ressurreição de Cristo, como a sua morte, é um acontecimento na eternidade. Ela ocorre em mim e em ti, desde que consagremos a nossa confiança à possibilidade de renovação. É uma reafirmação do princípio criativo e do amor que causou a morte de Cristo. A escuridão que envolveu o mundo naquele primeiro Sábado de Aleluia só poderia ser dissipada por uma renovação desse amor, e essa renovação vem através de nós. A cruz é uma demonstração de perdão supremo, que nos convida, por nossa vez, a perdoar.

Ao ver assim o mistério cristão, abrimos um caminho para a reconciliação com as outras fés abraâmicas. A morte de Cristo não é uma ocorrência singular no tempo comum, mas, usando as palavras de T. S. Eliot, «o ponto de intersecção do intemporal com o tempo». A maravilhosa substancialização dos Evangelhos, que nos dão a forma e o sentimento da vida terrena de Cristo, mostram o amor a irradiar de uma fonte para lá daqueles momentos intensos. Não é necessário traduzir essa ideia em termos teológicos. Basta ver que existe um amor que supera todo o sofrimento, todo o ressentimento, toda a negatividade, e que esse amor é a fonte da nossa própria renovação.

O que me traz de volta à minha provação. Assim que as difamações foram publicadas, fui inundado com mensagens de amizade e apoio. A vida que eu supunha ter terminado estava agora a ser renovada. Eu tinha passado por uma morte e uma ressurreição, e a dádiva da Páscoa havia-me sido concedida antes mesmo que eu a pedisse.

O meu 2019

(The Spectator, *21 de dezembro de 2019*)

Janeiro

O meu 2018 terminou com uma tempestade de ódio, em resposta à minha nomeação como presidente da Comissão Building Better, Building Beautiful do Governo. Porém, o ano novo traz uma calmaria, e espero e rezo para que o Grande Inquisidor entronizado pelos *media* sociais descubra outro alvo.

Fevereiro

Dia 27 é o dia dos meus 75 anos e, por acaso, a última quarta-feira de *foxhounds* da temporada. Organizamos o encontro e celebramos com os nossos vizinhos. Apesar dos protestos da minha esposa Sophie, mantenho a minha determinação de desistir da caça aos 75 anos, contando novamente os ossos partidos, as entorses e os distúrbios musculares adquiridos ao longo de 35 anos na sela, ou melhor, fora dela. Na minha última caçada, alegra-me dizê-lo, mantenho-me sobre a sela o dia inteiro.

Ponho à prova os meus pensamentos sobre *Parsifal* num encontro concorrido na Wagner Society. Por meio de um estratagema artístico maravilhoso, Wagner liga a redenção e o sofrimento, mostrando que as nossas aspirações mais elevadas surgem das nossas mágoas mais sombrias, e que o portão para a realização fica no caminho da perda. A música diz isso, mesmo que as palavras e a intriga o envolvam

230   *Contra a corrente*

em mistério. Um membro do público faz uma pergunta penetrante. Esqueço-me da pergunta, mas lembro-me do homem, pois cinco meses mais tarde irá salvar a minha vida.

Março

Fiquei consternado ao descobrir quantas reuniões, relatórios, visitas e discussões implica uma comissão do Governo. A escrita criativa é claramente impossível. O meu livrinho de histórias, *Souls in the Twilight* [Almas no Crepúsculo], pode ter de substituir todas as outras coisas que eu queria escrever na reforma. O meu agente sugere um relançamento em abril. Aceito a ideia, sem imaginar o que me espera.

Pontos altos incluem uma visita a Newcastle e Tynemouth, lugares muito queridos onde eu certamente poderia viver, apesar da vandalização da cidade nos anos 1960 por vereadores que tratavam responsabilidades coletivas como dádivas pessoais.

Uma visita ao meu querido amigo Jonathan Ruffer, em Bishop Auckland, mostra que o nosso país também produz pessoas que tratam as dádivas pessoais como responsabilidades coletivas. Jonathan convence-me de que a regeneração do Nordeste poderia ser facilmente alcançada se as pessoas influentes a vissem como ele, como um dever patriótico a ser cumprido através da fé.

Abril

A minha editora, Bloomsbury, concordou em dar uma entrevista à *New Statesman*, uma revista pela qual guardo certa afeição, tendo sido durante vários anos o seu crítico de vinhos. Infelizmente, o agente publicitário da Bloomsbury não pode comparecer, e fico sozinho com um jovem ansioso que veio não para conhecer as minhas opiniões, mas para reforçar as suas. Não ligo, porquanto a presença de uma mente jovem e inquisitiva põe-me no modo de professor, que assume conhecimento para o induzir. O facto de que essa pessoa pode não ser apenas ignorante dos assuntos que vão surgindo, mas estar interessada apenas nas formas como elas podem ser usadas para me prejudicar, não me passa pela cabeça.

Os leitores da *Spectator* não precisam de se lembrar da continuação. A entrevista está devidamente publicada — uma confeção mentirosa

Décima parte: Annus horribilis *e últimas palavras* 231

de observações fora do contexto e invenções descaradas. Conseguimos obter as gravações da entrevista e, com base nisso, e graças a todo o apoio que me é oferecido, inclusive por esta revista e o seu corajoso editor associado, Douglas Murray, obtenho um pedido de desculpas da *New Statesman.*

Nessa altura, o estrago já está feito. Fui demitido da Comissão por um partido que parece desconhecer completamente os muitos milhares de palavras, bastante bem sustentadas, que lhe ofereci em apoio, e os arquitetos fazem fila para despejar na minha cabeça as suas denúncias rituais.

No meu momento de maior desânimo, temendo que todo o trabalho realizado pela Comissão fosse perdido, comunico a James Brokenshire, secretário de Estado da Habitação, Comunidades e Governo Local, que ele deve prossegui-lo, o que, para seu crédito, é o que faz. Tem sido um período difícil para o Sr. Brokenshire, mas o seu pedido de desculpas leva à minha reintegração, e até a imprensa de arquitetura, tirando a adolescente *Dezeen*, cessa de repetir as acusações fantásticas e inventadas contra mim.

Que lições tiro desse episódio, além da óbvia, que os intelectuais conservadores estão a ser censurados no debate público no nosso país? Um cabeçalho no *Times* a informar o leitor de que fui demitido de uma posição do Governo «devido a opiniões favoráveis à "supremacia branca"»; um ataque no parlamento a exigir que eu seja destituído do meu título de cavaleiro, à luz dos meus «comentários islamofóbicos, antissemitas e homófobos» — e assim por diante —, tais coisas comprometem, evidentemente, a minha lealdade ao país e ao partido, aos quais devotei tanta da minha energia ao longo de 50 anos. «Será que pertenço a este lugar?», pergunto. Descobrir que até membros preeminentes do Partido Conservador estão inclinados a dizer que «não» é um golpe bastante demolidor. Mas há um lado bom. Chegam cartas de apoio de todo o mundo, e, durante algum tempo, é como se eu estivesse a ouvir os discursos no meu próprio funeral, com a oportunidade única de concordar com a cabeça. E, para o caso de eu pensar em emigrar, o *Le Figaro* monta uma campanha a meu favor, a preparar o caminho. Mas isso lembra-me do verdadeiro desastre em abril. Escrevendo no *Le Figaro*, no rescaldo do incêndio de Notre-Dame, presto a minha homenagem a uma cidade cuja arte e literatura têm sido uma inspiração contínua desde a minha primeira visita em adolescente. «Como prometeu o anjo no telhado», escrevo,

232   *Contra a corrente*

Notre-Dame será ressuscitada. Ressuscitará porque a sua cidade, única entre as capitais modernas, permaneceu continuamente ela mesma, desde o tempo em que era o coração da Europa, passando pelo tempo em que pôs o mundo de pernas para o ar, até ao nosso tempo presente, quando lembra ao nosso continente a herança espiritual que não deve negar.

Será essa uma esperança piedosa ou a mundividência pós-moderna de Emmanuel Macron ainda permitirá que a Europa seja o que realmente significa para nós? Esta questão animou a política do nosso continente ao longo do ano, e, no entanto, poucos parecem ter notado.

Maio

A Sophie organizou uma festa de aniversário atrasada com os meus amigos mais próximos. Há discursos para aquecer o coração e uma interpretação dos meus três arranjos de Lorca, cantados por Emily Van Evera. David Matthews compôs um conjunto de variações para violino e piano de *Despedida*, a última das canções, e essa melodia, que tanto significa para mim, permanece na minha cabeça nos meses seguintes, apontando uma direção que logo descubro ser a inevitável.

Junho

Estou na Polónia para abrir a conferência interparlamentar que celebra o primeiro parlamento semilivre do antigo bloco soviético, há 30 anos. Todos os países que sofreram estão representados, e a minha tarefa é uni-los em torno da sua tentativa original de liberdade, minimizando as diferenças que cresceram entre eles. Muitos dos mártires estão lá — velhos a lembrarem as penas de 20 e 30 anos de prisão que eram então o destino daqueles que pensam como eu. Os seus testemunhos comoventes deixam-me em estado de choque e sobriedade, sabendo quão pouco tudo isso significa para os jovens britânicos de hoje, à medida que o conhecimento da história e da cultura da Europa lhes foge do alcance. Por ter levado a sério as suas experiências ao longo dos anos, os Polacos consideram-me merecedor da sua Ordem de Mérito, devidamente conferida pelo Presidente. Com um toque adicional de humor polaco, também me conferem o prémio de arquitetura do Ministério da Cultura. Escusado será dizer que o embaixador britânico está ausente dessas iniciativas embaraçosas, e eu fujo para a Inglaterra com o coração cheio de gratidão por outro país onde eu seria bem-vindo como refugiado.

Julho

E não é o único. Por motivos que não consigo perceber, tenho um clube de fãs no Brasil, e finalmente concordei em aparecer por lá para falar sobre o sentido da vida. Não me sinto bem, e a viagem deixa-me fatigado. Fico no hotel a ler Shakespeare. Gemo de desconforto pelas ruas onde nenhum homem são andaria, e sou levado por aí, a dar palestras para multidões de jovens, todos aparentemente dedicados à tarefa de salvar a civilização ocidental no ponto mais distante aonde ela chegou, que vem a ser o Brasil. Talvez eles sejam mais capazes do que eu, de ver que a alternativa não é outra civilização melhor, mas civilização nenhuma.

Voltando a Londres, finalmente consigo ver o reumatologista com quem marquei uma consulta. Ele fala da minha conferência sobre *Parsifal*, na qual fez aquela pergunta esquecida. E sugere delicadamente, com alguma urgência, uma tomografia computadorizada. Alarmado com o que descobre, põe-me nas mãos de um oncologista, que, concluindo que de outra forma eu poderia morrer de cancro daí a uma semana, começa a trabalhar em mim imediatamente.

Essa semana foi prolongada, mas por quanto tempo? Esta pergunta domina obviamente a minha vida e a vida da minha família. A esperança de uma remissão mantém-se, embora a vida daqui em diante seja muito diferente. Nada pode ser planeado como um objetivo, mas apenas como uma possibilidade. Novamente, no entanto, tal como na entrevista escandalosa concebida para me arruinar, o bom supera o mal. Na minha vida, nunca antes me viera tanto apreço ao caminho, e, graças ao meu oncologista, pude trabalhar à minha secretária, escrevendo o relatório para a Comissão e organizando a escola de verão Scrutopia, agora a ser ministrada por amigos e alunos.

234 *Contra a corrente*

Agosto e setembro

Seguem-se quimioterapia, leitura intensiva (Homero, George Eliot, Conrad, Seamus Heaney) e muita correspondência íntima com amigos com os quais agora não tenho inibições. Marwa al-Sabouni chama a minha atenção para a aliança entre Abraão e Deus na sua versão alcorânica. Mantém a tua fé nisso, escreve ela da Síria, mas lembra-te de que a tua dor é a tua redenção. De volta ao *Parsifal*, através do Alcorão! E, por enquanto, a dor tem sido uma companheira, mas não uma tirana.

Outubro

Consigo sair para um acontecimento consolador — o serviço em memória de Norman Stone, cuja visão, que é divertida e que diverte, da vida moderna, sempre me animou. Norman foi um forte defensor da nossa identidade herdada, mas, como escocês, percebia que a identidade tem muitas camadas: um escocês não é obrigado a escolher entre ser escocês e britânico, assim como entre o uísque e o vinho — sendo Norman, no que toca ao álcool, crente numa comunidade sem fronteiras de Iluminados. Tinha um profundo conhecimento dos impérios europeus, um amor pela Áustria-Hungria e o povoamento otomano, e notável familiaridade com as línguas e literaturas da Europa Central. Ele deu um exemplo de envolvimento imaginativo com outras culturas que foi ainda mais impressionante pelo humor sarcástico com que perfurava as nossas ilusões patrióticas.

Novembro

Estou em Praga para o 30.º aniversário da Revolução de Veludo. A quimioterapia e as pernas estropiadas atrapalham-me, mas o apoio inesgotável da Sophie é ampliado pelo da nossa embaixada. Agora, sou um trunfo diplomático num lugar onde agitei as coisas, e a comemoração é conduzida com o maior dos bons humores por pessoas agradecidas pelo antigo envolvimento britânico.

Não aceitem a versão de propaganda da UE de que estamos a comemorar a queda do Muro de Berlim, como se tudo se resumisse à «liberdade de movimento». Estamos a celebrar a restauração da soberania nacional a pessoas que haviam sido absorvidas e oprimidas por um império sem lei. O facto de agora serem absorvidos por um império com leis não altera o caso.

Os Checos outorgam a sua medalha comemorativa a um eurocético, ou seja, a mim, numa cerimónia tocante, que me recorda a razão de, apesar da sedução de polacos, húngaros, romenos e tantos outros, ter sido com os tímidos e cínicos checos que perdi o meu coração, que nunca deles resgatei.

Dezembro

Durante este ano, muito me foi tirado — a minha reputação, a minha posição como intelectual público, a minha posição no movimento conservador, a minha paz de espírito, a minha saúde. Mas muito mais me foi restituído: pela defesa generosa de Douglas Murray, pelos amigos que se mobilizaram por mim, pelo reumatologista que me salvou a vida e pelo médico a cujos cuidados estou confiado. Tendo caído a fundo no meu próprio país, fui elevado ao topo noutro lugar e, olhando para trás, para a sequência dos acontecimentos, só posso estar feliz por ter vivido o bastante para ver isto acontecer. Aproximando-nos da morte, começamos a saber o que significa a vida, e o que ela significa é gratidão.